세기의 책들 20선

천년의 지혜 시리즈
NO.1
경제경영 편

고대 점토석판에서 발견된
5000년의 부

최초 출간일 1926년 작

고대 점토석판에서 발견된
5000년의 부

가장 쉽고, 가장 확실하며, 가장 빠르게
즉시 가난에서 벗어날 방법이 담긴
5천 년 전 유물

조지 사무엘 클레이슨 지음 · 서진 편저

SNOWFOX

천년의 지혜 시리즈 소개

A Thousand Years of Wisdom

1. **총 도서 검토 기간 :**   1년 6개월

2. **출간 후보 도서 검토 종수 :**   1만 2천 종

3. **확정된 시리즈 전체 출간 종수 :**   20종

4. **최초~최근 출간 기간 :**   1335년 ~ 2005년

5. **최소, 최대 출간 언어 수 :**   2개 언어 ~ 38개 언어 출간

6. **최소, 최대 판매 부수 :**   20만 부 ~ 2천 만 부 판매

7. **최소, 최대 개정판 출간 종수 :**   37판 ~ 3,843판

8. **시리즈 출간 기간 :**   1년 3개월 (2023년 12월 ~ 2025년 3월)

9. **출간 분야 :**
      첫 번째 시리즈   : 경제경영 (2023년 12월 : 4종 동시 출간)
      두 번째 시리즈   : 자기계발 (2024년   5월 : 6종 동시 출간)
      세 번째 시리즈   : 에세이   (2024년   8월 : 3종 동시 출간)
      네 번째 시리즈   : 인문   (2024년 12월 : 3종 동시 출간)
      다섯 번째 시리즈 : 철학   (2025년   3월 : 4종 동시 출간)

스노우폭스북스 『세기의 책들 20선, 천년의 지혜 시리즈』는 지난 수 세기 동안 출간된 책 중에서 현재 널리 알려진 여러 가르침과 기본적인 사상을 만든 책들을 찾아 엄선해 출간했습니다.

이 귀한 지혜들을 파생시킨 '최초의 시작'을 만든 책들을 하나로 규합해 출간함으로써 지혜와 더 깊은 통찰에 목마른 우리 모두에게 '읽을거리'를 제공하고자 했습니다.

이로써 가벼운 지금의 '읽기'에서 보다 깊이 사유하는 '읽는 사람'으로 변화되는 일을 만들어 나가고자 했습니다.

SINCE 1926

책 소개 / 편저자의 말

5천 년. 너무 까마득한 시간. 그 시간을 건너 고대 유물이 발견됐습니다. 사막의 모래로 뒤덮인 언덕, 큰 폭풍우에 씻겨 내려간 자리에서 과거 존재했다는 바빌론의 모습이 드러난 것입니다.

우화의 방식을 갖춘 이 책의 첫 느낌은 익숙함이었습니다. 현대에는 우화 형식을 빌려 출간된 자기계발 서적이 꽤 있었기 때문이죠. 하지만 이내 책의 진가는 곧 드러났고 세계 여러 나라에서 수백 번에 걸쳐 왜 개정판이 출간됐는지 이유를 알 수 있었습니다.

100년 전, 대한민국이 격동의 시기를 보내고 있을 때 이 책은 출간됐습니다. 고대 유물에 새겨진 부에 관한 기록과 수많은 점토판의 발견으로 과거 바빌론의 자료와 기록에 근거한 5천 년 전 부의 지혜를 뚜렷이 엿볼 수 있는 덕분이었습니다.

'5천 년 전의 지혜가 오늘날에도 적용될까' 싶었지만 당시 가장 부유한 성에 살던 시민 중에도 부자와 가난한 사람이 있었습니다. 모든 도시에서 가난한 사람들은 형편이 나아지기를 바라는 열망이 있었습니다. 이 책은 놀랍도록 간결합니다. 그리고 단연 확실한 몇 가지 방법만을 제시합니다. 오늘날 부자가 되는 방법에 관한 수많은 정보를 제공받는 우리는 어쩌면 가장 중요한 것을 놓치고 혼란을 겪고 있다는 생각이 들 정도입니다.

이 책의 편저 작업에서 가장 중요하게 지킨 것은 '명확하고 분명한 메시지를 남길 것'이었습니다. 다양한 버전의 해외 발행 도서가 있고 파생된 여러 책 속에서 가장 단순한 핵심이 담긴 최초 버전의 원문을 토대로 편저를 시작한 이유입니다. 옛 사람들이 좋아했을 법한 우화와 소설 형식의 긴 글에서 불필요한 부분은 과감히 덜어내면서 지금 즉시 실행할 수 있는 근본적 메시지는 철저하게 남기는 방식을 지키고자 애썼습니다.

지금 즉시, 그 누구라도 거창한 '부'라는 단어를 내려놓고 현실보다 나아질 미래의 경제적 자유를 얻고자 하는 모두가 이 책에서 지혜를 발견하게 되기를 가슴깊이 소망했습니다.

편저자 서진

서문

★

바빌론은 동시대 가장 유복한 도시였습니다. 시민들은 자신이 원하는 돈의 가치를 이해했으며 돈을 얻고 관리하고 돈으로 더 많은 돈을 버는 데 필요한 이치와 원칙을 따랐으며 그것을 이루는 시스템을 갖고 있었습니다. 그들은 건전한 금전 관리법을 갖고 있었고 원칙들을 따랐습니다. 그들은 우리 모두가 바라는 것, 미래를 위한 수입을 스스로 마련하는 사람들이었습니다. 바빌론 시민들은 영리했으며 투철한 사상가들이었습니다.

하지만 항상 그랬던 것은 아닙니다. 바빌론의 부는 바빌론 사람들의 돈에 대한 지혜가 만들어 낸 결과였습니다. 그들은 먼저 부자가 되는 법을 배웠습니다.

야망과 이루고 싶은 꿈을 가진 모든 이에게 전하는 메시지인 이 내용은 5천 년 동안 전해질 만큼 중요합니다. 바빌론은 이미 사라졌지만 부에 관한 이 지혜는 진실한 만큼 강한 생명력으로 살아남았습니다.

이 책은 성공에 필요한 준비와 그 열쇠를 배우기 위한 책입니다. 행동보다 중요한 것은 현명한 생각입니다. 그러나 현명한 생각은 지혜를 넘지 못합니다. 이 책에 바로 우리가 꿈꾸는 성공의 지혜가 담겨 있습니다. 그 지혜를 모두에게 전하고자 합니다.

또한 금전적인 면에서 부를 얻으려는 사람들이 돈을 획득하고 그것을 관리하고, 나아가 더 많은 돈을 벌게 하는 통찰력을 제공할 것입니다. 이로부터 현재까지 전세계적으로 통용되는 돈의 기본 관리법의 요람인, 바빌론의 지혜로 되돌아 갈 수 있을 것입니다.

이 책을 읽은 세계 여러 나라 독자들이 재정적인 근본 가치를 배웠다는 소식을 오랫동안 알려오고 있습니다. 이제 이 책을 읽을 새로운 독자 역시 그들과 똑같은 영감을 얻기를 바랍니다.

친구들과 친척들, 동료들과 이 책의 효과를 널리 알려준 모두에게 감사를 표합니다. 그들 스스로 이 책이 주장하는 바로 그 원칙들을 적용해 훌륭한 부를 거둔 덕분에 책의 진가를 보증하는 증거가 되어 준 것에 대해서 말입니다.

G. S. C

contents

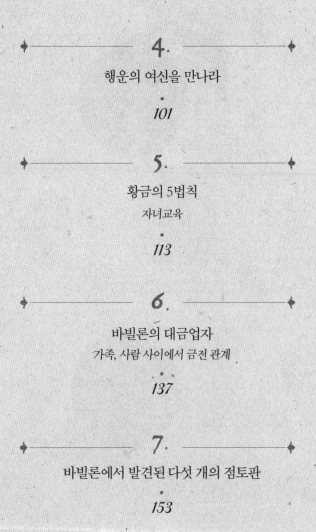

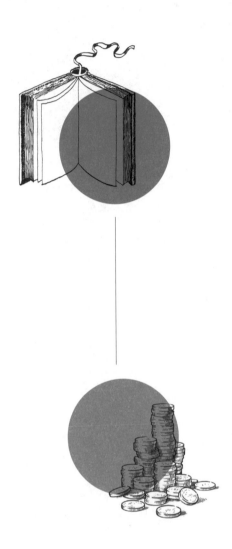

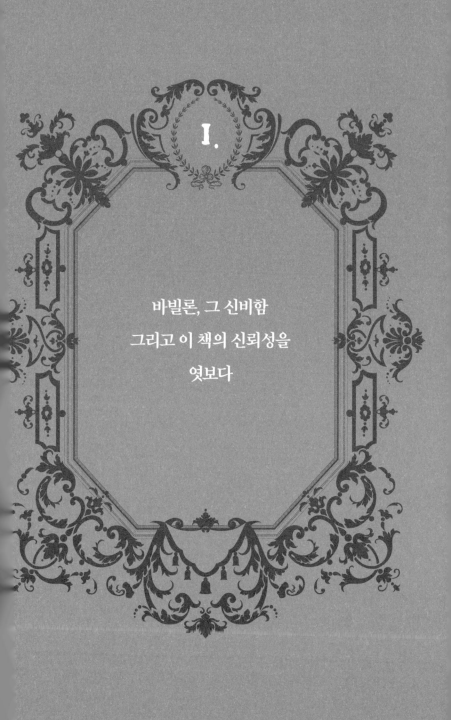

I.

바빌론, 그 신비함
그리고 이 책의 신뢰성을
엿보다

친애하는 프랭클린 콜드웰 교수님께

영국 노팅엄 대학교
1924년 10월 21일
알루미니 네트워크 자료

메소포타미아 힐라,

영국 과학 탐험대

프랭클린 콜드웰 교수님 귀하

친애하는 교수님

바빌론 유적지에서 발굴된 다섯 개의 점토판이 교수님의 편지와 함께 도착했습니다. 저는 완전히 매료된 상태로 고대 언어를 번역하는 데 온 힘을 쏟으며 즐거운 시간을 보내고 있습니다. 곧장 답장을 드리고 싶었지만 번역을 마치고 내용을 함께 보내드릴 때까지 기다렸습니다.

교수님의 철저한 관리로 서판은 아무 손상 없이 도착했습니다. 바빌론 사람들이 잘 보관해 둔 덕분에 거의 손상되지 않고 잘 보존

될 수 있었다는 사실에도 깊은 경외감이 듭니다.

교수님께서도 연구실에 있는 저희 교수들만큼이나 석판에 담긴 이야기에 놀랄 것이라고 확신합니다. 너무나 희미하고 아득하게 먼 과거에서 온 이 모험이야기들에 말입니다. 마치 『아라비안나이트』 같은 이야기라고 해야 할까요?

이 석판에 바빌론 최고의 부를 이룬 아르카드라는 인물과 자신의 빚을 완전히 없앤 다바시르라는 인물의 이야기가 담겨 있었습니다. 그들이 겪는 문제가 5천 년이나 지난 지금의 우리들이 겪는 문제와 크게 다를 바 없다는 것을 알면 놀라실 겁니다.

학생들이 저를 놀리곤 합니다. 이 오래된 비문들에 둘러싸여 먼지를 뒤집어쓰고 있으니 누더기를 걸친 모양새거든요.

대학교수인 제가 거의 모든 것을 알고 있다고 생각하고는 끙끙거리며 번역에 어려워하는 것에 대해 의아해 하고 있습니다.

하지만 먼지로 뒤덮인 이 바빌론의 잔해에서 나온 지혜로운 노인은 제가 지금껏 한 번도 들어 본 적 없는 방식으로 빚을 처리할 방법과 후손에게 남겨 줄 부를 얻는 방법을 알려 주고 있습니다. 이 오래된 점토판이 저를 일깨우고 즉시 적용할 만한 방법을 제시해 줄 거라고는 생각도 못했습니다.

고대 바빌론에서 매우 효과 있던 이 방법이 지금 우리에게도 탁월한 방법이 돼 줄 것인지 실험해 보기로 했는데, 이 일이 모두를 흥분시키고 있습니다.

몇몇 교수와 저희 부부는 이 서판의 방법을 그대로 적용하고 시험해 볼 계획을 짜고 있습니다.

교수님의 훌륭한 임무에 행운이 함께하길 바라며, 저의 역할이 필요한 일이 있다면 언제든 함께하겠습니다.

고고학과
앨프레드 H. 쉬루즈베리로부터

5천 년 전 그들은 어떤 고민을 했을까?

그들도 지금의 우리와 같은 고민을 갖고 있었을까?

두 번째 편지

영국 노팅엄대학교
1925년 11월 7일
일루미니 네트워크자료

메소포타미아 힐라
영국과학탐사대
프랭클린 콜드웰 교수님 귀하

존경하는 교수님, 교수님께서 바빌론 유적지 발굴을 지속하시다 낙타 상인 다바시르의 흔적을 만나게 되면 안부를 꼭 전해 주시기 바랍니다.

아주 먼 예날, 너무나 까마득한 옛날이 된 지금 점토판 위에 새겨진 그의 글이 이곳 영국에 있는 고고학 발굴자들의 손에 있게 되었다는 것을요. 그리고 우리는 그 무엇보다 다바시르에게 평생 잊지 못할 지혜를 받게 된 것에 너무나 감사하고 있다는 것도요.

일년 반 전, 교수님께 저와 제 아내 그리고 몇몇의 동료가 이 점토판에 새겨진 지혜를 그대로 실천해 보기로 했다는 것을 기억하실 겁니다. 저희 부부는 당시 경제적으로 심각한 상태였습니다. 교수님께서는 눈치 채셨을 수 있지만 저희 부부는 오랫동안 저희의 심각한 재정 문제를 숨겨오고 있었습니다.

그 문제가 저를 대학에서 쫓아낼 수도 있다는 경고를 받고 늘 두려움에 떨면서 여러 해 동안 몹시 힘들게 지냈습니다. 열심히 일해도 문제는 해결되지 않았습니다. 더욱이 집주인에게 진 빚 때문에 조금 더 싼 집으로 이사를 나갈 수도 없었습니다.

이런 상황에서 교수님께서 저 바빌론 낙타 상인이 새겨둔 점토판을 보내주신 것은 저에게 지금의 비참한 곤경에서 벗어날 방법을 전해주신 것과 같았습니다. 우리는 번역이 돼 갈수록 희망을 가졌고 그의 방법을 따라 하겠다고 결심했습니다.

먼저 모든 부채의 목록을 만들었으며 빚을 진 모두에게 그 목록을 똑같이 보여줬습니다. '형편이 되는 대로' 이 목록에 있는 부채를 갚는 일이 얼마나 어리석은 일인가를 설명했습니다. 그리고 나서 부채를 모두 갚을 수 있는 유일한 방법은 매달 수입의 20퍼센트를 떼어 각 부채 금액에 비례해 갚아 가는 거라고 설득했습니다.

마침내 수입의 20퍼센트를 정기적으로 상환하는 한 우리 부부를 괴롭히지 않겠다는 내용을 서류에 써 넣었습니다.

저희 부부는 수입의 70퍼센트로 생활하기 위해 궁리해야 했습니다. 우선 집주인에게 집세를 조금 깎아 달라고 부탁했습니다. 그 다음 그동안 우리가 얼마나 계획성 없이 물건을 사들였는지 알고 깜짝 놀랐습니다.

편지에 모두 쓰기에는 긴 이야기입니다만 저희는 잘 해내고 있습니다. 가장 놀라운 것은 수입의 10분의 1을 따로 떼 놓음으로써 저희에게 여분의 돈이 생겼다는 것입니다. 저희는 이 돈을 믿을 수 있는 곳에 매월 투자하고 있습니다. 이것은 큰 기쁨이고 힘을 내게 만드는 활력소입니다.

제 정년쯤에는 꽤 넉넉한 금액이 돼 있을 것 같습니다. 믿기 어려우시겠지만 이것은 모두 사실입니다.

저의 생활은 전보다 훨씬 나아졌습니다. 이 계획을 따르는 것과 그저 주어진 대로 살아가는 것에 이렇게 큰 차이가 있다는 걸 누가 믿겠습니까?

이제 교수님께서는 낙타 상인이 우리를 어떻게 구해줄 수 있었는지 아셨을 테지요. 그에게 감사하다는 말을 전해 주십시오.

그는 이 말을 남기기 위해 점토판에 성실히 글을 새겨 놓았고 그 전언(傳言)은 5천 년 후에 그가 살았던 바빌론에서 발견되어 후세의 저 같은 사람들을 곤경에서 구해주고 있다는 것을요.

앨프레드 H. 식루즈베러
고고학과

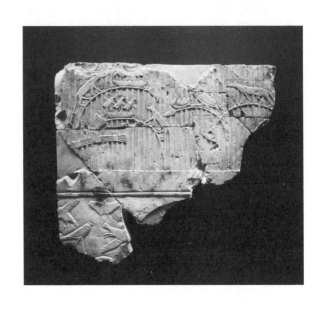

이 고대 언어를 번역하는 일은 고고학자들 모두를 흥분시키기에 충분했다.

그들이 남겨 놓은 유산, 그것은 '부'를 만들고 더불어 더 행복한 날들이었다.

바빌론에서 발견된 점토판들

바빌론은 종이 대신 촉촉한 점토 덩어리에 글을 새기고 불에 구워 문서를 기록했습니다. 영구적으로 문서를 남기고자 지금의 벽돌보다 조금 더 큰 판에 2.5센티미터 정도의 두께로 만들었습니다.

현재 발견된 수십만 개의 점토판은 고고학자들이 해독하고 있습니다. 그 중 많은 자료에서 부동산 판매와 비즈니스 거래에 대한 세부 정보가 발견됐습니다. 또한 당시 지혜의 보고들도 있었습니다. 현명한 왕 함무라비가 공표한 법전은 오늘날까지 넓게 통용되는 공정한 법이 담겨 있었습니다.

일반 가정과 상인들은 석판을 커다란 흙 항아리에 보관했습니다. 궁전 안 왕실 도서관에는 현대의 도서관 같은 서가에 석판이 꽂

혀 보관되었습니다. 한 장의 석판에는 지금의 책 한 페이지보다 적은 분량밖에 담지 못했기 때문에 문서가 너무 많은 경우에는 작은 꼬챙이로 얇고 조심스럽게 새긴 색인을 사용했습니다.

고대 바빌론의 문명의 기록이 이렇게 영구적인 형태로 남아 있다는 것은 정말 다행스러운 일입니다. 이 귀중한 가르침이 영원히 사라지지 않았다는 사실이 말입니다. 5천 년 역사의 바빌론 신전은 무너져 형체 없는 먼지가 되었지만 바빌론의 지혜는 여전히 남아 현명한 해결책을 제시해 주고 있습니다.

바빌론은 당시 그 어떤 도시보다 부유했다.
바빌론이 부유했던 것은 그 도시가 부유한 것이라기 보다
그 안에 살고 있는 시민들이 부유했기 때문이었다.

5000년의 부

바빌론은 페르시아만 북쪽, 수에즈운하에서 동쪽으로 약 965km 떨어진 아시아에 위치했다.

바빌론은 살아있다

역사상 바빌론처럼 매혹적인 도시는 없었다. 바빌론이라는 이름은 영광과 장엄한 광경을 떠오르게 한다. 그곳은 황금과 보석으로 가득 찬 도시였다. 흔히 바빌론을 경치 좋은 산과 천연자원이 넘치는 곳으로 상상하기 쉽지만 실상은 그것과 다르다. 바빌론은 유프라테스 강 근처, 평평하고 메마른 땅에 자리 잡고 있었다. 이곳에는 산림도 광산도 없고 집을 지을 돌조차 없었다.

더욱이 자연스레 생겨난 무역로조차 없었고, 강수량도 부족해 작물을 키우기 어려웠다.

바빌론은 풍족하고 모든 게 갖춰진 상태가 아닌, 환경은 척박하고 모든 것이 부족한 상태에서 원대한 목표를 달성하는 인간의 능력을 상징하는 도시다. 바빌론의 모든 것은 인간이 개발한 것이다.

그 모든 부는 사람이 이룬 것이었다.

바빌론이 가진 것은 비옥한 땅과 유프라테스 강뿐이었다. 이곳의 토목기사들은 댐과 운하를 만들어 강의 물줄기를 바꿔 놓는 놀라운 업적을 이뤄냈다. 이렇게 강물을 끌어들여 메마른 땅을 비옥하게 만들었고 엄청난 수확을 거둬들였다.

이 일은 인류 최초이자 최대의 토목 공사로 평가되고 있다. 그들은 이전에는 상상할 수 없는 풍부한 수확을 거둬들일 수 있었다.

바빌론은 수많은 전쟁을 치렀는데 대부분 그들이 가진 부를 노린 적들을 막아내는 방어전이었다. 바빌론의 왕들은 그들의 우월성이나 자만을 나타내기 위한 정복을 택하지 않았다. 다만 자신들이 가진 지혜와 진취적인 사고, 정의로운 사회의 일원이 가질 교훈을 지키는 데 매진했다.

바빌론은 더 이상 존재하지 않는다. 수천 년 동안 그 도시를 지켜 준 시민들의 정신이 퇴색되자 순식간에 침략됐으며 도시는 황폐한 사막으로 돌변했다. 바빌론은 페르시아만 바로 북쪽, 수에즈 운하에서 동쪽으로 약 965킬로미터 떨어진 아시아에 위치했다. 위도는 적도 위쪽 북위 30도로서 애리조나 주 유마 시의 위도와 똑같다. 바빌론도 미국의 이 도시와 똑같이 뜨겁고 메마른 기후였다.

이 고대 도시가 품고 있던 비밀들, 그들이 남겨 놓은 지혜.

적도 위쪽 북위 30도이며 미국 애리조나 주(州) 유마 시(市)의 위도와 똑같은 곳.
그곳에 바빌론이 있었다.

한때 수많은 사람이 살던 이곳은 바람만 세차게 부는 메마른 황무지로 남아있다. 이곳의 거주자도 몇 마리의 가축을 돌보며 겨우 생계를 유지하는 아랍 유목민뿐이다.

이곳은 거의 20세기 동안 사막 모래 언덕이 여기저기 생겨났다. 수백 년 동안 여행자들은 이 언덕들을 무심하게 지나쳤다. 그러다 우연히 폭풍우에 씻겨 내려온 도자기와 벽돌 조각 때문에 고고학자들의 관심을 끌게 됐고 조심스럽게 발굴한 결과 그곳이 고대 바빌론이란 사실이 입증되었다.

발굴 결과 8천 년 전 바빌로니아에서 거주한 수메르인들이 성벽을 만들어 그곳에 살았다는 것이 증명됐다. 그들은 매우 계몽적인 사람들이었다. 역사로 기록된 문서를 바탕으로 그들이 최초의 토목공학자들이었고 최초의 천문학자였으며 최초의 수학자, 최초의 금융가 그리고 문자를 사용한 최초의 민족이었음이 밝혀진 것이다.

그리스의 여행자이자 역사학자인 헤로도토스(BC 484년 ~ BC 425년 추정)는 바빌론 전성기에 그곳을 방문해 우리에게 알려진 유일한 기록을 남겼다. 그는 도시의 도면과 그곳 사람들의 일화와 풍속에 대해 남겼으며 놀라울 정도로 비옥한 땅과 수준 높은 수학을 언급했다.

바빌론의 영광은 사라졌지만 그 지혜는 보존돼 오늘날 우리에게까지 전해졌다. 아득한 그 시대, 종이를 사용하지 않았던 그때 축축한 점토판 위에 꼼꼼하게 글자를 새겨 넣은 그들의 기록 덕분이다.

이 점토판은 무척이나 광범위한 용도로 사용되었다. 전설과 역사, 왕의 기록, 땅에 대한 법률, 재산 문서, 계약 내용을 기록하고, 심부름꾼에게 전해져 멀리 떨어진 도시에 보내는 편지로 이용하기도 했다.

바빌론의 점토판에는 매우 사적인 내용들도 들어 있다. 예를 들어 어떤 고객이 암소 한 마리를 갖고 와서 밀 일곱 자루와 교환했으며 세 자루는 그때 주고 나머지 네 자루는 그가 원할 때 가져가기로 했다는 상점 주인의 기록도 있다.

바빌론의 점토판들은 온전하게 묻혀 있었다. 그래서 고고학자들이 처음 바빌론 유적지를 탐사했을 때 손상되지 않은 수십만 개의 점토판을 찾아 낼 수 있었다.

바빌론의 놀라운 업적 가운데 하나는 도시를 에워싸고 있던 거대한 성벽이다. 고대 문명인들은 그것을 이집트의 거대한 피라미드와 함께 '세계 7대 불가사의'라고 생각했다. 그러나 오늘날에는 그 어떤 흔적도 찾아낼 수 없으며 정확한 높이도 알 수 없다.

다만 그후 더 유명한 성벽들이 기원전 나보폴라사르 왕(BC 625~605년 앗시리아 왕)시대에 건설되기 시작했으며 그의 아들 네부카드네자르에게 공사를 넘겼다고 알려졌다. 그의 이름은 성서에도 등장하는 인물이다.

바빌론 성벽이 철저히 파괴돼 남아있지 않게 된 것은 세월 외에도 아랍인들이 건축을 위해 바빌론의 벽돌을 빼내 간 것에도 원인이 있다.

당시 거의 모든 정복자들은 바빌론 성벽을 무너뜨리려고 달려들었다. 하지만 헛수고였다. 대표적인 원정군은 만 명의 기병과 2만 오천 대의 마차, 천 명으로 이뤄진 천 2백 개의 보병연대 부대였다. 하지만 바빌론 성벽을 넘어서지 못했다.

바빌론은 현대 도시와 비슷했다. 상점이 있고 길거리 상인도 있었다. 사제는 큰 사원에서 제사를 지냈다. 왕궁을 둘러싼 성벽은 도시 성벽보다 더 높이 쌓여 있었다. 바빌론 사람들은 농기구를 만들어 사용했으며 예술에도 매우 탁월해서 조각과 그림, 보석 세공 등에서 높은 수준을 보여주었다. 바빌론에서 발견된 다양한 장신구들은 현재 대규모 미술관에 전시돼 있다.

이때까지만 해도 다른 도시들은 돌도끼를 사용했지만 이들은 청동으로 만든 무기를 사용했다. 또한 무역에도 뛰어났다. 이들은 돈과 어음, 문서를 사용한 최초의 사람들이었다.

기원전 540년까지 누구에게도 함락된 적 없는 이 도시는 키로스 군대에 의해 점령됐다. 그들은 바빌론 군대를 유인해 낸 뒤 텅빈 바빌론 성 안으로 돌아 들어가는 전략으로 그 도시를 손쉽게 차지했다.

그 뒤 바빌론의 모든 영광과 부는 차츰 시들어 버렸으며 누구도 그 도시를 이전과 같이 만들지 못했다.

오랜 시간 바빌론은 먼지가 되어 사라졌지만 그들의 지혜는 오늘날에도 살아있다.

저자가 남긴 당부의 말
- 부를 얻기 위한 학습 방법

어떻게 하면 돈을 모을 수 있을까요? 어떻게 하면 삶의 고단함에서 벗어나 부를 맘껏 누리는 사람이 될 수 있을까요? 부자가 되려면 좋은 가정환경, 특별한 행운을 가져야 되는 걸까요?

아니요. 그렇지 않습니다. 부는 반드시 부자가 되겠다는 야망을 품고 돈에 대해 공부하는 열정이 있는 사람이라면 누구나 가질 수 있는 현실적인 결과입니다.

금전적 자유는 매우 논리적인 결과입니다. 그것을 가질 수 있는 방법을 꾸준히 실천하고 미미할 정도의 작은 기회라도 현명하게 활용하면 얻게 됩니다.

잠재적으로 부자가 될 수 있는 사람들은 다음과 같습니다. 소득이 있는 사람, 급여를 받는 사람, 직업이 있는 사람, 스스로 사업을 하는 모든 사람과 고용돼 있지 않아도 스스로 수익을 만드는 능력 있는 사람입니다. 전업주부도 남편을 지지하고 도움으로 같은 결과를 만들 수 있습니다.

사실 재테크에 성공하는 신비로운 비결은 없습니다. 대신 매우 명확한 법칙이 있습니다. 이제 돈을 끌어 들이는 방법, 행동으로 돈을 모으는 능력, 돈을 보관하는 방법에 대해 살펴봅시다.

이 책에서 바빌론의 지혜를 이야기하는 목적은 우리가 더 성공하기 위해 알아야 할 법칙을 설명하고 부를 얻겠다고 결심한 사람들의 지갑을 살찌우는 데 있습니다.

고대 가장 부유했던 도시 바빌론에서 놀랍도록 큰 부를 만든 현명한 부자의 지혜를 배울 수 있는 기회를 획득하기 바랍니다.

현재 내가 있는 그 자리에서 경제적 자유를 가장 확실하게 만들어 줄 능력을 얻고 싶지 않습니까? 힘들게 번 돈이 모이지 않고 계속 어디론가 사라져 버리는 일에 지치지 않나요?

자신의 능력을 스스로 개발해 자랑스럽게 성공하고 떳떳한 부자로 살고 싶은가요? 그렇다면 5천 년 전, 까마득히 먼 옛날 고귀한 지혜가 담긴 이 모든 가르침을 철저하게 배우십시오.

그리고 반드시 실천하십시오. 이 실천 방법은 너무나 간단하고 명확해서 결코 극단적인 노력을 요구하지 않습니다.

단순해 보이는 내용들이라고 가볍게 읽고 덮어 버리면 결코 이 지혜를 내 것으로 만들 수 없습니다. 처음에 보이는 것보다 더 많은 것이 이 책에 담겨 있기 때문입니다.

　이 책에 담긴 '바빌론의 부에 대한 가르침'은 매우 기본적인 사실과 원초적인 진리를 다루고 있기 때문에 단순해 보이기까지 합니다. 그러나 이 원칙을 지금, 이번 달 급여가 들어오기 전에 무겁게 가슴에 새겨 놓는다면 반드시 당신은 원하는 만큼의 커다란 부를 얻게 될 것입니다.

　이 책이 처음 출간된 1926년부터 많은 사람이 첫 번째 책읽기에서 인생을 바꾼 가르침을 얻는 경험을 했습니다. 배운 내용을 즉시 실천할 수 있기 때문입니다.

5천 년 전 살았던 사람들이 현재의 우리와
동일한 고민과 걱정을 했다는 것에서
아련한 연결성이 느껴진다.

그러나 그것이 아무리 대단해도 시작에 불과합니다. 우리의 목표는 한 달 혹은 1년이 아닙니다. 우리는 평생 동안 누릴 부를 원합니다.

따라서 너무 정신없이 바쁘거나 신경쓸 일이 많을 때 이 책을 읽지 않는 것이 좋습니다. 책을 대충 읽거나 순서를 벗어나 읽으면 큰 효과를 놓치게 됩니다. 읽은 후에는 자신이 쓰고 있는 돈과 연관지어 생각해 보시기 바랍니다.

이 책에 담긴 이야기는 바빌론에서 발견된 점토판의 가르침에 근거해 가장 핵심적인 내용을 담아 극화해 만들었습니다.

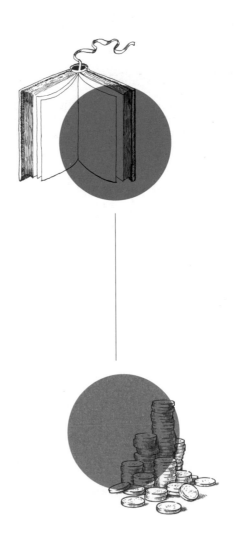

2.

바빌론에서

가장 부유한 사람

황금을 원했던 사나이

바빌론에서 가장 부유한 사람
– 황금을 원했던 사나이

바빌론의 마차 제조업자 반시르는 크게 낙담한 채 자신의 집 낮은 담벼락에 걸터앉아 있었다. 그는 초라한 집과 완성하지 못한 마차가 놓인 작업장 한 켠을 멍한 눈으로 바라보았다. 그의 아내는 집 안에서 반시르가 앉아 있는 쪽을 몇 번이나 내다보고 있었다. 그녀는 곡식항아리가 비어 있다는 은근한 압박과 함께 반시르가 서둘러 마차를 완성하고 고객에게 대금을 받아야 한다는 눈치를 주고 있었다.

아내의 눈치를 모르는 것은 아니지만 반시르의 뚱뚱하고 억센 몸은 담벼락 위에서 꼼짝하지 않고 있었다. 유프라테스의 태양이 사정없이 그의 이마 위를 달구며 떨어진 땀은 가슴으로 흘러 내리고 있었다.

저 언덕 넘어 왕의 궁전이 우뚝 솟아 있었고 벨 사원의 화려한 색들은 푸른 하늘과 어우러져 있었다. 그 장엄한 광경을 보고 있는 그의 초라한 집 주변에는 더럽고 지저분한 물건들이 어지럽게 흩어져 있었다.

이처럼 바빌론은 장엄함과 누추함, 눈부신 부와 극단적인 빈곤이 뒤섞인 도시였다. 골목에는 부자들의 화려한 마차가 지나가고 있었다. 그들은 맨발의 거지들과 샌들을 신은 상인들 사이를 지나가느라 북새통을 이루고 있었다. 하지만 그들 역시 양가죽 주머니를 둘러맨 노예들의 긴 행렬이 지나가도록 길을 내줘야 했다. 그 노예들은 바빌론의 공중 정원에 필요한 '왕의 사업'을 수행중이었기 때문이다.

반시르는 자신의 문제에 너무 몰두한 나머지 왁자지껄한 그 소동에도 신경 쓸 여유가 없었다. 그의 주의를 끈 것은 귀에 익은 칠현금(현이 7개로 이뤄진 발현악기) 소리였다. 그의 친한 친구이자 음악가인 콥비가 반시르를 향해 웃음 지었다.

"나의 친구여, 그대에게 신의 축복이 있기를.

반시르. 자네가 일을 하지 않고 있는 걸 보니 신이 축복을 내린 것이 틀림없군. 그렇다면 나에게도 자네의 그 축복을 조금 나눠 주겠나? 분명 두둑할 자네의 지갑에서 은화 두 닢을 꺼내서 좀 빌려주게나."

반시르가 침울하게 말했다.

"은화 두 닢을 빌려 달라고? 만약 내게 은화 두 닢이 있다 해도 절대로 자네에게 빌려주지 않을 걸세. 있다 해도 그 두 닢이 내 전 재산일 테니까. 누가 자신의 전 재산을 빌려주겠나?"

"뭐라고?" 콥비가 놀라워하며 소리쳤다.

"어떻게 지갑에 동전 두 닢도 없으면서 그렇게 손 놓고 앉아 있었단 말인가? 자네의 그칠 줄 모르는 부지런함은 어디로 갔나? 이건 자네답지 않군. 무슨 고민이라도 있는가? 아니면 신들이 자네에게 불행을 가져다 준 건가, 반시르?"

그러자 반시르가 말했다.

"맞아. 이건 신들이 내린 고문이 분명해. 이 모든 건 꿈, 어리석은 꿈 때문이라네. 꿈속에서 나는 엄청난 부자가 돼 있었어. 허리에는 돈이 가득 든 지갑이 달려 있었네. 아내는 아름다운 장신구를 하고 있었고 집안에는 그 무엇이라도 살 수 있을 만큼의 은화가 가득 차 있었다네. 은화를 다 써 버려도 두렵지 않을 만큼 금화도 가득했지. 나는 세상 부러울 게 없었어. 아마 자네는 그 꿈속의 나를 알아보지도 못했을 거야. 모든 걸 가진 부자의 모습을 하고 있었으니까. 내 아내도 알아보지 못했을 테지. 그녀는 비싼 화장품이 만들어준 주름살 하나 없는 얼굴로, 행복으로 빛나고 있었거든. 그녀는 신혼 때처럼 밝고 수줍은 미소를 띠고 있었네."

콥비가 말했다.

"참으로 행복한 꿈이었군. 헌데 그 좋은 꿈이 왜 자네를 그 비참한 얼굴로 담벼락에 앉아 있게 한 건가?"

"꿈에서 깨어나자마자 내 지갑이 텅비어 있다는 걸 알았기 때문이지. 배신감이 들더군. 여보게 콥비, 우리는 어려서 성직자에게 지혜를 배우러 함께 다녔지. 젊어서는 함께 즐겁게 어울려 다녔고 어른이 돼서도 가까운 친구로 지내고 있어. 우리에게는 공통점이 있지. 열심히 일하고 번 돈을 쓰는 것에 만족감을 느끼는 일말일세. 한때 많은 돈을 벌어 본 일도 있었지만 지금은 꿈에서나 부자인 기분을 느껴야 하는 신세라는 것까지 말이야.

우리가 저 양(羊)보다 나을 게 뭔가? 우리는 이 세상에서 가장 부유한 이곳 바빌론에서 살고 있어. 우리 주변에 이렇게 부가 널려 있는데 왜 우리는 아무것도 가진 게 없는가 말일세. 반평생을 함께 해 온 가장 친한 친구가 은화 두 닢을 빌려 달라는데 지갑을 내 주며 필요한 만큼 쓰라고 할 수 있으면 얼마나 좋겠는가?

하지만 내 지갑이 텅비어 있듯 자네의 지갑도 비어 있다는 걸 인정하지 않을 수 없네. 왜 우리는 원하는 음식과 옷을 원하는 만큼 살 수 있는 은화나 금화가 없는 걸까? 콥비, 우리 아들들도 우리같이 되지 않을까? 자식들과 자손들이 일생을 금은보화 속에서 살지 못하고 우리처럼 겨우 시큼한 양젖과 죽을 먹고 사는 것에 만족해야 할까?"

콥비는 어찌할 바를 몰랐다. 그리고 퉁명스럽게 대꾸했다.

"나라고 그 이유를 알겠나? 나는 자네보다 더 못한 상황이 아닌

가. 칠현금 연주로 버는 돈은 순식간에 사라져 버리네. 나는 가족이 굶주리지 않도록 더 애써야 할 지경이지. 지금 내가 가진 것보다 더 좋은 악기를 마련할 수만 있다면 나는 왕도 만족할 만한 음악을 연주할 수 있을 거란 말일세."

"콥비, 나도 자네 말에 동의해. 하지만 우리같이 가난한 사람이 어떻게 그런 악기를 가질 수 있겠나. 도대체 언제까지 이런 삶을 살아야 할까. 일하고, 또 일하는 이 삶 말이야."

콥비가 물었다.

"돈이 많은 사람이라면 돈을 버는 비결이 있지 않을까?"

"그럴지도 모르지."

"반시르, 오늘 낮에 황금마차를 타고 가는 우리 어릴 적 친구인 아르카드를 보았어. 그렇게 신분이 높은 사람들은 옆을 지나는 사람에게 눈길조차 주지 않지만 아르카드는 아래를 내려다보고 미소 띤 얼굴로 나에게 손을 흔들어 인사를 했다네."

"아르카드는 바빌론 최고의 부자가 아닌가? 왕이 도움을 구할 정도의 부자가 됐다는 걸 나도 알고 있지. 만약 밤에 그를 만난다면 그의 지갑을 훔칠지도 모르지."

그 말을 들은 콥비가 반시르를 꾸짖었다.

"무슨 그런 말을 하나 반시르. 그리고 부자라고 돈을 지갑에 들고 다니지도 않을 걸세. 아르카드는 아무리 두둑한 지갑을 잃어버려도 언제든 다시 가득 채울 수입이 있겠지."

"수입이라 멋진 말이군. 내가 담벼락에 앉아 있든, 쉬든, 나 역시 언제나 가득 찬 지갑을 갖고 싶네. 아르카드는 우리와 함께 자란 사람이 아닌가? 어째서 그만 유독 왕도 부러워할 수입을 갖게 된 걸까?"

"글쎄 그건 나도 모르겠지만 분명 무슨 비법이 있는 것만은 확실한 것 같아. 왜냐면 그의 아들 노마시르가 니네베로 가서 자기 아버지 도움을 전혀 받지 않고도 갑부가 되었다고들 하지 않던가?"

갑자기 반시르의 눈이 반짝였다.

"콥비, 자네는 정말 나의 행운의 친구로군. 우리는 부가 가득한 이곳 바빌론에서 가난한 사람으로 사는 것에 지치지 않았나? 우리는 부자가 되기를 원해. 가세, 콥비. 아르카드에게 가서 우리에게도 부를 가질 수 있는 비법을 전해 달라고 간청해 보세나."

"오 반시르, 자네 진심으로 말하는 것 같군 그래. 맞네. 자네 말이 맞는 것 같아. 반시르, 우리가 지금껏 왜 가난했는지 어쩌면 자네가 일깨워 준 것이나 다름없어. 우리는 한 번도 부를 얻는 방법을 찾으려고 하지 않았어. 언제나 열정을 갖고 일하고 더 부지런히 일하기만 할 뿐. 나는 실력 있는 칠현금 연주자가 되려는 노력을 했지만 부를 얻지는 못했지."

"최선을 다해 왔으니 우리도 어느 부분에서는 성공했다고 볼 수는 있을 걸세, 콥비. 하지만 오늘 우리가 나눈 대화는 지금껏 한 번도 나눠보지 못한 대화였어. 자 일어나세. 아르카드에게 가세. 그리

고 지금 우리 같은 처지에 있는 친척들과 친구들도 함께 데리고 가
세나. 지금 당장."

바빌론에서 제일가는 부자

– 아르카드

아르카드는 바빌론뿐 아니라 멀리 니네베까지 이름이 널리 알려진 최고의 부자였다. 남을 돕는 일에도 열심인 그는 많은 돈을 기부하는 사람으로 알려져 있었다. 그는 매년 많은 돈을 지출하지만 쓰는 것보다 더 많은 돈이 들어왔기 때문에 막대한 부가 계속 자라고 있었다. 사람들은 어릴 적 함께 배우고 자란 그가 특별한 재능도, 특출한 능력도 없이 큰 부를 쌓게 된 것을 '행운'이라고 부러워했다.

그러면 곧장 아르카드는 그들을 꾸짖었다.

"행운이라니, 아직도 그런 말을 믿는가? 행운이란 것이 영원한 행복을 줄 것 같은가? 오히려 행운은 심술궂은 신 아닌가? 어쩌다 행운을 얻은 이가 결국 파멸에 이른 수많은 이야기를 들어 보지 못한 건가?

가난한 사람은 부를 만드는 방법을 알려고 하지 않았거나 알았어도 실천하지 않은 두 가지 경우일 뿐, 행운으로 부가 오고 가는 게 아니란 말일세.

어쩌다 온 행운은 사람을 무책임한 낭비자로 만들고 모든 걸 함부로 써 버리게 하고 욕구와 욕망에 휘둘리게 하지. 아니면 갑자기 들어온 돈이 줄어들것을 염려해 꼭꼭 숨기고 쌓아 놓고는 도둑에게 들키지 않으려고 가난한 사람 행세를 하며 사는 사람이거나.

하지만 부를 만들고 지키고 더 크게 불릴 줄 아는 사람도 있는 법이라네. 그 수가 너무 적어서 쉽게 보이지 않을 뿐. 그러니 내가 이룬 부를 행운이라는 무책임한 말로 치부하지 말게."

이렇게 바른 말을 하고 나면 사람들은 슬금슬금 자리를 뜨며 속으로 그의 말이 틀리지 않다는 걸 시인하곤 했다.

저 너머 은근한 노을을 보고 있던 아르카드에게 하인이 들어와 고했다.

"주인님, 허름한 옷을 걸친 사람들이 몰려와 주인님을 뵙게 해 달라고 합니다. 주인님과는 친분이 없는 사람들이 틀림없는데도 그들은 주인님이 자신들의 어릴 적 친구였다고 강하게 우기고 있습니다. 혹시 반시르라는 사람과 콥비라는 이름을 들어 본 적 있으십니까?"

"반시르와 콥비? 맞네. 그들은 내 어릴 적 함께 자랐던 친구들이지. 그들이 나를 찾아왔다는 건가? 어서 집안으로 들이게."

아르카드를 만난 반시르와 콥비, 그들과 함께 온 여러 사람들은 왜 오늘 아르카드를 찾아왔는지 소상하게 이야기했다. 그러자 아르카드는 눈을 감고 숨을 고르더니 이내 입을 열었다.

"알겠네. 자네들의 그 절박하고 진실한 마음이 나를 감동시키는군."

아르카드는 이윽고 그들이 그토록 듣고 싶어 했던 이야기를 시작했다.

"나는 젊었을 때 사람에게 행복과 만족을 주는 것이 무엇인지 관찰했고 그 행복과 만족을 증가시키는 데 부가 꼭 필요하다는 걸 깨달았네. 부는 가족들을 더 많이 웃게 하고 좋은 음식을 먹고 건강하게 살 수 있게 해준다는 걸 말이야. 멀리 여행을 하고 그 여행이 많은 기회와 행복감을 준다는 것도.

이것을 깨닫고 나도 세상에서 꼭 남부럽지 않은 부자가 되겠다고 결심했지. 다른 사람들이 누리는 부를 보고 부러워하며 살지 않겠다고 말이야. 나도 반드시 그들과 같은 것을 누리는 사람이 되겠다는 결심이었지. 싸구려 옷을 입고도 감사해하며 만족하고 가난한 것을 아무렇지 않게 여기는 사람이 되지 않겠노라고 결심했다네.

자네들도 알다시피 나는 물려받은 것 하나 없는 가난한 상인의 자식 아닌가. 다른 특별한 능력이나 재주가 없으니 무엇보다 반드시 부를 가질 방법을 공부해야 한다고 생각했지.

그 중에서도 시간을 어떻게 쓰느냐가 중요하네. 시간은 모두에게 공평하게 주어지는데 지금까지 자네들 모두가 가난하다면 부자가 될 시간을 낭비했다는 걸 인정하기 바라네.

우리가 어려서 지혜를 배우러 함께 다닐 때 우리들의 선생님은 세상의 배움에 두 가지가 있다는 걸 알려 주지 않았어. 하나는 배워서 알게 되는 배움이고, 다른 하나는 스스로 알아내는 배움 말이야.

나는 기록 사무소에서 필경사(筆耕士)로 오랫동안 일했네. 매일, 매주, 매해 열심히 일했지만 돈은 생활비로 모두 쓰이고 남는 게 없었어. 그런 지경에서도 언제나 반드시 부를 이루고 말겠다는 내 결심은 확고했다네.

그러던 어느 날 대금업자 알가미쉬가 기록사무소로 와서 '제9의 법'(法- 함무라비 법전의 일부로, 함무라비 법전은 함무라비 왕이 편찬한 세계에서 가장 오래된 성문 법전) 점토판을 주문했어. 알다시피 '제9의 법전'은 너무 방대한 책이 아닌가. 그런데도 알가미쉬는 이틀 안에 점토판을 완성해 달라며 우겼어. 그리고는 만약 기일 내 점토판을 완성하면 동화(銅貨) 두 닢을 주겠다고 했지.

하지만 나는 기일 내에 마치지 못했어. 그건 당연한 일이었어. 그런데도 알가미쉬는 화를 냈다네. 나는 알가미쉬가 대단한 부자라는 걸 알고 있었어. 그래서 이렇게 말했지.

'알가미쉬 당신은 대단한 부자입니다. 만약 내일까지 제가 이 서판을 점토판에 모두 새긴다면 동화 두 닢 말고 부자가 될 수 있는 방법을 알려 주세요. 약속을 하시면 기필코 끝내 놓겠습니다.'

그는 알 수 없는 은근한 미소를 띠면서 내 거래를 기꺼이 받아들이더군. 그날 나는 내 모든 힘을 다 쏟았네. 허리는 부러질 듯 아프고 눈은 앞이 보이지 않을 정도였지만 다음 날 정오가 지날 때쯤, 점토판에 글을 모두 새겨 놓았네. 저녁이 되기 전 기록소에 온 알가미쉬가 말했어.

'자네는 뻔뻔스러운 직원이지만 나는 자네의 제안을 받아들였고 성사되었군.

그렇다면 나도 약속을 지켜야지. 자, 이리 와 앉게. 돈을 버는 방법을 알려 달라 했지? 잘 듣게.

돈, 돈이란 나를 위해 일하는 노예라네. 그 노예가 벌어들이는 돈은 노예의 자식으로 그 역시 나의 소유가 되지. 하지만 자네는 지금까지 자네의 모든 돈을 누군가에게 줘 버렸기 때문에 가난한 걸세.

자네는 옷 만드는 사람에게 번 돈을 주지 않았나? 감자와 향신료를 파는 음식가게 주인에게도 줬겠지. 장신구를 만드는 사람에게도 돈을 줬을 거야. 아내에게 주려고 말야.

이렇게 모든 돈을 누군가에게 계속 줘 버리면서 정작 자신에게는 돈을 지불하지 않았던 거야. 자네는 바보네. 자신을 제외한 모두에게 돈을 지불하고 있으니 말일세. 이렇게 되면 누가 돈의 노예인가?

부자가 되려면 돈을 쓰지 않고 모은 돈, 즉 노예를 만들어야 하고 그 자손들이 함께 돈을 벌게 해야 하네. 이것을 실천하면 자네가 원하는 그 부를 얻게 되는 걸세. 이 말을 이해하면 내가 주기로 한 동화(銅貨) 두 닢의 수천 배를 지불한 셈이지.

자, 그렇다면 노예는 어떻게 만들면 될까?

그건 자네가 버는 돈의 일부를 모으면 되네. 그 일부의 규모는 버는 돈의 10분의 1이야. 자네가 번 돈의 10분의 1을 계속 모으면 10년 후에는 얼마나 가질 수 있겠나? 그 노예를 일하게 하지 않고 땅 속에만 묻어 놔도 지금 자네가 벌고 있는 1년만큼의 돈이 생기지 않겠나?

어떤 것을 사든 자네가 버는 돈의 10분의 9를 넘는 것보다 더 많이 사지 않아야 해. 돈은 작은 씨앗에서 자라난다네. 이 돈이 앞으로 자랄 돈 나무의 씨앗이지. 돈 나무는 일찍 심으면 심을수록 더 빨리 자라난다네. 성실하고 꾸준하게 10분의 1을 모으는 저축이라는 비료와 물로 돈 나무는 반드시 크게 자랄 걸세.'

알가미쉬는 이렇게 말하고 필사본을 들고 가 버렸어. 나는 그가 한 말을 계속 생각했네. 그리고는 월급을 받을 때마다 10분의 1을 떼내 소중히 간직했지. 번 돈의 10분의 1을 나 자신에게 먼저 지불하고 나머지를 쓰기로 한 거야.

신기한 것은 10분의 1을 쓰지 않고 모은다고 돈이 전보다 부족하지는 않았다는 거네. 그 돈을 떼 놓아도 생활은 전과 별 차이 없었어. 돈이 모이다 보니 무언가 사고 싶은 유혹도 생겼지만 꾹 참았지. 그렇게 12개월이 지난 어느 날 알가미쉬가 나를 찾아왔다네.

'이보게, 자네는 지난 일 년 동안 자신이 번 돈의 10분의 1을 자네 자신에게 지불했는가?'

나는 자랑스럽게 대답했네.

'예, 어르신. 그렇게 했습니다.'

'잘했군.'

그는 옅은 미소를 띠었어.

'그럼 그 돈으로 무엇을 했는가?'

'네, 저는 그것을 벽돌 제조업자인 아즈무르에게 주었습니다. 그는 먼 바다로 나가 페니키아에 있는 희귀 보석을 가져다 주겠다고 했습니다. 그것을 판 수익을 나누자는 그의 제안대로 했습니다.'

순간 알가미쉬는 이마를 찡그리고 무서운 어조로 화를 냈지.

'어떻게 보석 사는 일을 그 일과 전혀 관련 없는 일을 하는 벽돌 제조업자에게 의뢰했단 말인가? 별자리를 제빵업자에게 물으러 갈 텐가?

이보게 젊은이, 자네의 12개월의 돈 노예들은 사라졌네. 아예 뿌리째 어딘가로 던져버린 셈이야. 자네는 처음부터 다시 시작해야 할 걸세. 충고 하나 해주겠네. 앞으로 보석에 관한 조언이 필요하거든 보석 상인에게 가게나. 양(羊)에 관해서라면 양치기에게 가서 묻게나. 밀가루에 대해 묻고 싶거든 빵을 굽는 상인에게 가야 한다는 말일세.

그러나 조심하게! 모든 조언들은 무상으로 얻겠지만 그 말들 중 취할 것을 가려 듣게나. 특히 돈을 키워 본 경험 없는 사람에게 듣는 것은 그 의견이 틀렸다는 걸 스스로 확인하는 데 수업료를 치르게 될 걸세.

그는 이 말을 하고는 획 뒤돌아 가버렸어.

결국 알가미쉬가 한 말대로 돼버리더군. 페니키아 사람들은 악당이었어. 아즈무르가 사온 보석은 가치 없는 돌 조각이었거든. 내 돈 나무의 씨앗을 모조리 잃게 된 거지. 나는 또다시 10분의 1을 모으기 시작했어. 이제는 습관이 돼서 모으는 일도 어렵지 않았어. 그렇게 12개월이 지난 어느 날 알가미쉬가 다시 찾아왔다네.

'지난 번 만난 후 자네에게 어떤 일이 있었는지 궁금하군.'

'저는 제 자신에게 충실하게 10분의 1을 다시 지불해왔습니다. 그렇게 모인 씨앗으로 방패 제조업자인 시미아비가 청동(靑銅)을 사는 데 투자했습니다. 그는 넉 달마다 제게 이자를 보내옵니다.'

'잘했네. 그렇다면 자네는 그 이자로 무엇을 했는가?'

저는 포도주와 향신료가 든 빵을 사고 친구와 가족을 초대해 멋진 만찬을 즐겼습니다. 언제나 돈이 부족했기에 하지 못한 것들을 할 수 있게 됐기 때문에 즐거운 마음으로 얻은 것을 누렸습니다. 언젠가는 건강한 나귀도 한 마리 살 예정입니다.'

알가미쉬는 비웃듯 코웃음을 쳤어.

'그렇다면 자네는 저축의 자식들을 먹어 치우고 있다는 말이군.

그러면서 어떻게 그 자손들이 자네를 위해 일할 거라 기대하는가? 자네는 여전히 바보군.

아직은 돈을 쓸 때가 아니라는 말일세. 더불어 자네의 얼굴이 주름지거나 더 큰 투자를 하게 될 때를 제외하고는 결코 사용해서는 안되는 돈이라는 말일세.

돈이 돈의 자손을 셀 수 없이 낳을 때까지 기다려야 해. 그렇게 황금 노예 군단을 얻게 되는 거네. 풍족한 먹거리와 웃고 즐기는 것은 마르지 않는 돈의 물줄기를 키워 냈을 때 저절로 즐길 수 있게 된다네.'

그렇게 말하고 알가미쉬는 다시 가버렸어. 그리고 두 해가 지나도록 나는 알가미쉬를 보지 못했어. 그러던 어느 날 나를 만나러 온 그의 얼굴은 온통 주름으로 덮여 늙은 노인이 돼 있었지.

'아르카드 자네는 자네가 꿈꾸던 부를 이뤘는가?'

알가미쉬가 물었어.

'아직 모든 것을 이루지 못했지만 지금도 계속 돈을 벌고 있고 지금까지 모은 돈들이 스스로 돈을 벌어 계속 자라나고 있습니다. 노예가 된 돈이 낳은 자식까지 한데 모여 열심히 일하도록 관리하고 있습니다.'

'그렇다면 조언은 어떻게 듣고 있나. 아직도 자네와 친한 그 벽돌 제조업자에게 투자할 곳의 조언을 듣고 있나?'

'아닙니다. 그에게는 벽돌에 관한 조언이 필요할 때 찾아갈 것입

니다.'

'아르카드 자네는 내가 가르쳐 준 것을 정확히 이해하고 있었군. 자네는 버는 것보다 적은 돈으로 사는 방법을 배웠고 조언을 들을 만한 유능한 사람을 가려 내는 법을 배웠네. 그것은 돈을 모으는 방법, 돈을 일하게 하는 방법, 돈이 자라나는 방법이지. 자넨 이 모든 걸 잘 해낸 것 같군. 그러니 책임 있는 직책을 받을 자격이 충분해.

나는 이제 매우 늙었네. 내 아들들은 돈을 쓰는 것만 알고 버는 일에는 아무 관심이 없지. 하지만 나는 돌볼 것들이 많고 그 규모도 매우 크다네. 자네가 니푸르에 가서 내 땅을 돌봐준다면 자네를 동업자로 삼고 내가 이 생의 여행을 마치는 날 재산을 나눠 주겠네.'

그래서 나는 점토 서판 일을 그만 두고 니푸르로 가서 그의 거대한 땅의 관리자가 될 기회를 얻었어. 내 마음은 반드시 성공하겠다는 들끓는 욕망으로 가득 차 있었어. 나는 알가미쉬에게 배운 그대로 모든 걸 실천했고 내가 관리하는 동안 그의 재산은 훨씬 크게 불어났지. 그의 재산이 늘어날 때마다 그가 내게 지불하는 돈도 그만큼 커졌네. 그렇게 나는 계속 수입의 10분의 1을 저축했지만 이전보다 더 큰돈이 쌓여갔네.

10분의 1의 노예들은 자식으로 불어난 돈들과 합쳐져 내게 더 많은 수입을 가져다주었네. 더불어 알가미쉬가 세상을 떠났을 때 동업자인 내게 배분해 둔 재산을 물려받았어."

아르카드가 이야기를 마치자 그곳에 있던 한 사람이 말했다.

"부유한 자산가가 재산을 상속해 주다니. 당신은 정말 운이 좋은 사람이었군요."

"내가 운이 좋았다면 그건 성공하겠다는 욕망을 스스로 가졌다는 점 외에는 없네. 나는 처음 4년 동안 내가 버는 돈의 10분의 1을 모으지 않았나? 부자가 되겠다는 내 결심이 확고하다는 것을 내 행동으로 증명한 거지.

비바람이 바뀌는 것을 연구하고 때에 맞춰 그물을 던져 물고기를 많이 잡은 어부에게 운이 좋았다고만 말할 수 있는가? 기회는 준비되지 않은 자에게는 오지 않는 오만한 신이라는 걸 모르겠는가?"

그러자 또 다른 친구가 말했다.

"맞네. 자네는 첫 번째 저축을 잃어버렸지만 좌절하지 않고 계속해서 부를 쌓았지. 남들에게 없는 강한 의지를 가졌던 셈이야."

"강한 의지력이라고? 여보게 친구, 무슨 당치도 않은 소린가? 의지력이 강하다고 낙타도 들기 힘든 짐을 들어 올릴 수 있는가? 어떤 일을 성공시키는 데, 반드시 강한 의지력이 있어야 하는 것이 아니라네.

의지라는 건 매우 작은 일도 멈추지 않는 것일 뿐일세. 단순하고 가볍게 그저 하는 것이야. 아무리 사소한 일도 하기로 정하면 나는 그것을 꼭 할 것이네. 그렇지 않고서야 어떻게 나 자신에 대한 확신을 가질 수 있겠나.

만약 내가 백일 동안 도시로 들어가는 다리를 건널 때마다 조약

돌 하나를 주워서 시냇물에 던지겠다고 스스로에게 말했다면 나는 그렇게 실천할 걸세.

만일 일곱째 날 조약돌을 던지지 못하고 지나쳤다면 '내일 두 개를 주워 개울에 던지면 돼'라고 말하지 않을 거란 뜻일세. 20일째 되는 날, '내가 왜 이런 쓸데없는 짓을 하고 있지? 매일 돌을 던지는 일이 무슨 소용이 있다고 말야'라고 말하고 돌 한 움큼을 집어던져 버리고 '이제 그만두자'라고 생각하지 않을 걸세. 사소한 일도 하기로 했다면 그저 약속한 날까지 계속하겠다는 말이지.

애초에 실행하기 어려우면서 아무 쓸모없는 짓을 매일 하겠다고 결심하는 바보는 없네. 쉬고 즐기는 일을 포기하고 뭐하러 힘든 일을 자초했겠는가? 분명 무언가를 하겠다고 결심했다면 그 일은 마땅히 해야 할 일이었을 걸세.

부는 노력하는 곳이라면 어디서든 자란다네. 마치 마술처럼 자라나지. 아무도 그 한계를 예측할 수 없어. 페니키아 사람들은 바다로 나가 무역배를 타고 번 돈으로 해안에 위대한 도시를 건설하지 않았나?

나는 이제 자네들에게 부의 가장 첫 번째 원칙을 따를 것을 권고하네. 자네들이 얼마를 벌든 그 중 10분의 1을 반드시 떼어내게.

아침에 일어나면 맨 처음 이 말을 자기 자신에게 하게. 그리고 정오에 또 그 말을 하게. 밤에도 그 말을 하게. 매일 매 시간마다 그 말을 되풀이해서 하게. 그 말이 낙인처럼 온전히 정신에 새겨질 때까지 자신에게 그 말을 계속 하게.

알가미쉬의 지혜를 명심하게. 버는 돈의 10분의 1은 자기 자신에게 지불되어야 하네. 머지않아 알게 될 걸세. 온전히 내 소유인 돈을 갖는다는 게 얼마나 부자가 된 느낌을 주는지. 어딘가에 쓰지 않고 내 수중에 있는 돈이 가진 힘을 경험하게 될 거라는 말일세.

이런 경험은 자네들이 시간이 지날수록 지금보다 더 많이 벌기 위해 노력하게 만들 걸세. 재산이 늘어남에 따라 갖는 기쁨을 알게 되고 삶에 즐거움이 더해지는 걸 느낄 걸세.

그 다음 그렇게 모인 노예 돈들이 그 자식들과 그 자식들까지 자네를 위해 일하도록 만들게. 그렇게 노인이 될 때까지 대비할 자신만의 수입을 확보하게. 이 돈은 결코 잃지 않도록 매우 조심스럽게 투자해야 하네. 지나치게 높은 이익을 준다는 곳은 그만큼 돈을 위험한 곳에 보낸다는 뜻이니 각별히 유의하게.

돈을 사용할 때는 현명한 사람들과 상의하게.

돈을 다루는 일이 주업인 사람들에게서 조언을 들어야 하네. 벽돌 제조업자인 아즈무르가 보석을 사오겠다고 제안한 일에 돈을 맡겼던 나와 같은 우를 범하지 않도록 해야 한다는 거네.

다만 너무 무리하거나 지나치게 많이 모으려는 욕심을 내지 말게나. 자네가 버는 돈의 10분의 1만 모아 둘 수 있다면 그것으로 만족하게. 너무 인색할 필요 없다네. 인생이란 좋은 것이며 즐길 가치 있는 것들로 가득 차 있으니까."

친구들은 아르카드의 말에 깊이 감동하고 그에게 감사하고 돌아갔다.

그러나 그들 중 일부는 그의 이야기를 충분히 이해하지 못했거나 일부는 속으로 빈정댔다. 하지만 희망에 찬 눈으로 새롭게 결심하는 사람들이 있었다. 그들은 다음 해부터 아르카드를 자주 찾아갔다. 아르카드는 기꺼이 자문해줬을 뿐 아니라 지혜를 무상으로 나눠 주었다. 이들 인생의 전환점은 아르카드의 지혜를 즉시 실행한 첫 월급날부터였다.

당신이 버는 금액의 일부는
따로 모아 당신의 것으로 만들라.

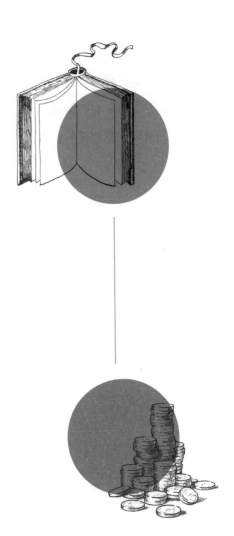

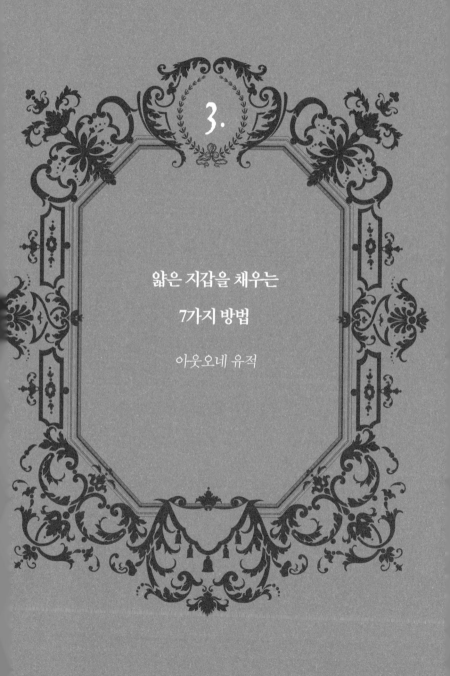

3.

얇은 지갑을 채우는

7가지 방법

아웃오네 유적

선한 왕이었던 사르곤 1세(재위 BC 2350 ~ BC 2294)가 적국이었던 엘람을 물리치고 바빌론으로 돌아왔을 때 그는 심각한 상황에 직면했다. 왕의 재정관은 이렇게 말했다.

"폐하께서 대운하를 건설하고 거대한 신전을 지으신 덕분에 일자리가 늘어나 백성들은 수년 동안 어려움 없이 잘 살았습니다. 하지만 지금은 모든 공사가 완료되었고, 많은 백성이 일자리를 잃었습니다. 백성들은 식량을 살 돈이 없고, 상인들은 손님이 없어 힘들어합니다. 농부들은 농산물을 사러 오는 이가 없어 판매를 하지 못하고 있습니다. 따라서 농사를 다시 지을 돈이 없으니 앞으로 식량이 부족해질 것입니다."

"우리가 그 큰 건설 공사를 위해 노동자들에게 지급한 금은 모두 어디로 갔는가?"

"황공하오나 그것은 바빌론의 소수 부자들 손에 들어갔습니다. 백성들의 손에 들어간 금들은 마치 모래가 손가락 사이로 빠져 나가듯 순식간에 사라졌습니다. 이제 백성들은 더 이상 내다 팔 물건도 없는 상태입니다."

왕은 잠시 생각에 잠겼다.

"왜 몇몇 사람만 금을 다 가질 수 있었던 것인가?"

재정관이 말했다.

"그들은 금이 자신들에게 모두 모이게 하는 방법을 알기 때문입니다. 하지만 그들을 비난할 수는 없습니다. 그들은 정당한 방법으로 금을 차지했기 때문입니다. 그렇기에 그들의 손에서 금을 빼앗아 부족한 이에게 무상으로 나눠줄 수도 없는 일입니다."

"그렇다면 백성들도 금을 모을 수 있는 방법을 배워 스스로 부유하고 번영할 수 있는 방법을 가르쳐야 하는 것 아닌가?"

"맞습니다, 폐하. 하지만 누가 그들에게 그런 방법을 가르치겠습니까? 성직자들은 결코 그런 일을 할 수 없습니다. 왜냐하면 그들은 금을 버는 방법에 대해 아무것도 알지 못하기 때문입니다."

"그렇다면 우리 바빌론에서 부자가 되는 방법을 제일 잘 알고 있는 이가 누구인가?"

"폐하, 바빌론에서 제일 재산이 많은 이는 아르카드입니다."

"맞아. 바로 아르카드지. 그를 데려오라."

다음 날이 밝아오자 아르카드는 고령의 나이에도 곧고 정정한 모습으로 왕 앞에 나타났다.

"아르카드, 자네가 이 나라 바빌론에서 가장 부유한 사람이라는 것이 사실인가?

"네, 폐하. 그렇게 알려져 있고 아무도 그것에 이의를 제기하지 않습니다."

"그렇다면 자네는 어떻게 지금의 부를 얻게 되었는가?"

"저는 가진 게 아무것도 없었지만 이곳 바빌론 시민 누구든 가질 수 있는 기회를 이용해 부를 이뤘습니다."

"빈손으로 이 많은 부를 이뤄냈다는 말이냐?"

"네, 그렇습니다. 저는 오직 부를 얻겠다는 커다란 욕망을 갖고 시작했습니다. 그것 외에는 아무것도 없었습니다."

"아르카드, 지금 많은 백성은 돈이 없고 가난하네. 하지만 자네를 포함해 몇몇 사람은 부를 획득하는 방법을 알고 있어서 부를 독점하고 있지. 나는 이곳 바빌론에 사는 모든 백성이 세상에서 가장 부유한 도시의 가장 부유한 백성으로 살게 되기를 바라네. 그들이 즐겁게 노래하는 것이 내 소망이지.

아르카드, 말해 보시오. 부를 얻으려면 어떤 비결을 따라야 하는 것인지. 만약 그 비결을 알고 있다면 다른 사람에게도 나눠 줄 수 있겠소?"

"그렇습니다, 폐하. 나눠 줄 수 있습니다. 저는 폐하의 충실한 신하이기 때문입니다. 저 역시 이곳 바빌론의 상인으로부터 젊은 날 부의 씨앗을 모으는 방법을 배웠고 그것을 지금껏 실천해 온 덕에 마르지 않는 부를 가질 수 있었을 뿐입니다."

왕의 눈이 빛났다.

"저는 폐하의 종입니다. 제가 가진 지혜를 폐하의 영광을 위해 기꺼이 바치겠습니다. 폐하의 훌륭한 재정관이 100여 명을 모으도록 해주십시오. 저는 왕의 계단에서 텅빈 지갑을 가득 채우게 만드는 7가지 방법을 나눌 것입니다."

2주 후 왕의 명령에 따라 100명이 모였다.

아르카드가 나타나자 한 사람이 속삭였다.

"바빌론에서 제일가는 부자 좀 봐, 우리와 똑같은 평범한 사람이네."

몸은 늙었지만 당당해 보이는 모습으로 서 있던 아르카드가 입을 열었다.

"저는 위대한 우리 왕의 명을 받들어 여러분 앞에 섰습니다. 한때 저도 금을 간절하게 원했던 가난한 청년이었습니다. 그래서 텅빈 지갑을 언제나 두둑하게 채워 줄 방법을 찾고자 애썼습니다.

이제 그 치유책을 일주일 동안 매일 한 가지씩 여러분께 전할 것입니다."

첫 번째 치유책
- 그대의 지갑을 가득 차게 하라

아르카드가 사려 깊어 보이는 한 남자에게 물었다.

"당신은 어떤 일을 합니까?"

"저는 점토판에 기록하는 일을 합니다."

그리고 그 뒤에 앉은 사람에게 물었다.

"당신은 어떤 일을 합니까?"

"저는 정육점을 합니다. 가축의 고기는 팔고 가죽은 샌들 제조 업자에게 판매합니다."

아르카드는 몇몇 사람에게도 똑같은 질문을 한 뒤 첫 번째 날의 가르침을 시작했다.

"여러분은 모두 부를 얻을 수 있는 사람들입니다. 여러분 모두가 일을 하고 있기 때문입니다. 부를 얻기 위해서는 이미 하고 있는 직업을 이용해야 하기 때문입니다.

매일 아침 바구니에 열 개의 동전을 넣고 매일 저녁 아홉 개의 동전을 꺼내면 어떻게 될까요? 시간이 지나면 바구니가 가득 차겠죠? 넣은 것보다 꺼낸 것이 적으니까요. 자, 여기 텅텅 비어 있는 지갑 하나가 있습니다. 이 지갑을 가득 채우는 방법은 바로 이것입니다. 여러분의 지갑 속에 넣은 돈 가운데 9할만을 꺼내 사용하는 것입니다.

나는 이 단순한 진리를 안 그 순간 실제로 실천하기 시작했습니다. 돈의 노예를 만들어 황금을 만드는 군단을 만들고, 끊임없이 열리는 부의 나무와 과수원을 만드는 일까지 가능하게 되었습니다.

내가 하는 이 말이 단순하다고 비웃지 마십시오. 가볍게 여기는 사람은 언제나 텅빈 지갑만을 갖게 될 것입니다. 진리는 언제나 단순한 법입니다. 나 역시 빈 지갑을 갖고 있었고 언제나 좌절감을 느꼈지만 지갑에 있는 돈의 10분의 9만을 꺼내기 시작했을 때 지갑이 두둑해지기 시작했습니다.

10분의 9만을 사용해도 전과 다름없이 살아갈 수 있었고, 얼마 후에는 전보다 더 쉽게 돈이 생겼습니다. 벌어들인 모든 소득을 쓰지 않고 일부, 10분의 1만을 저축하는 사람에게 돈이 더 쉽게 생기는 것은 확실히 신(神)의 법칙입니다.

여러분은 무엇을 가장 원합니까? 보석이나 화려한 장식품, 더 좋은 옷, 더 많은 음식처럼 재빨리 없어지고 잊히는 것들입니까? 아니면 재물이나 금, 땅이나 가축, 상품이나 실제적인 소득을 돌려주는 투자처인가요?

여러분이 지갑에서 꺼낸 9할의 돈은 장식품이나 옷, 음식을 주지만 남겨둔 1할은 재물이나 금, 땅이나 가축, 상품이나 실제적인 소득을 가져다줍니다.

이 놀라운 결과, 이것이 바로 첫 번째 비법입니다.

누구라도 내 말이 거짓임을 증명할 수 있다면 내일 다시 만났을 때 말해 주십시오."

두 번째 치유책
– 그대의 지출을 조절하라

둘째 날이 밝았다. 왕의 계단에는 어제보다 많은 사람이 모여 있었다. 그들의 아내, 남편, 친구를 하나 둘 데려왔기 때문이다. 아르카드가 둘째 날의 가르침을 위해 입을 열었다.

"여러분 중 많은 사람이 '지금 버는 돈으로도 생활이 어려운데 어떻게 10분의 1을 쓰지 않고 모을 수 있는가'에 대해 질문했습니다. 지금도 부족한데 어디서 저축할 10분의 1을 만드냐는 질문이죠.

여러분 개개인은 같은 액수의 돈을 벌지 않습니다. 하지만 이상하지 않습니까?

왜 나보다 더 버는 사람도, 덜 버는 사람도 똑같이 텅빈 지갑을 갖고 있는지 말입니다. 여기서 모든 이들에게 중요한 진리 하나를 더 말하겠습니다.

그것은 우리 각자 '필요한 경비'라고 부르는 돈은 언제나 '수입과 같아진다'는 것입니다.

필요한 경비와 여러분의 욕구를 혼동하지 마십시오. 여러분과 가족은 언제나 수입보다 더 많은 욕구를 갖고 있습니다. 여러분의 소득은 지금까지 이런 욕구를 충족시키는 데 쓰였지만 여전히 해결되지 않은 욕구들이 많습니다.

인간은 이런 '더 많이 갖고 싶은 욕망'에 시달립니다. 내가 재산이 많으니까 모든 욕망을 충족시키며 지낼 것 같나요? 아무리 재산이 많아도 모든 욕망을 채울 수는 없습니다. 모든 일에는 한계라는 게 있고 열정에도 한계가 있습니다.

곡식을 심은 땅에는 어디에나 잡초가 자라는 것처럼 버는 돈이 많아질수록 사람의 욕망은 훨씬 더 제멋대로 자랍니다. 그러나 욕망의 크기에 비해 만족시킬 수 있는 욕망의 크기는 매우 적은 법입니다.

여러분의 평소 생활을 점검하십시오. 분명 줄이거나 없앨 수 있는 많은 경비가 발견될 것입니다. 쓰는 돈마다 사용가치가 100퍼센트가 되는 일에 지출하십시오. 사야 한다고 생각되는 것을 하나하나 모두 적고 꼭 필요한 것만을 선택하십시오.

그리고 지불하는 돈의 가치가 100퍼센트가 되는 것에만 쓰십시오. 나머지는 모두 욕망일 뿐이니 지워버려도 됩니다. 수많은 욕구 중 일부에 지나지 않는 그것을 지우는 걸 아쉬워하지 마십시오. 필

수 경비를 다시 계산하도록 하십시오. 이 과정은 훗날 당신이 얻게 될 큰 부를 만들어 줄 밑천입니다.

그러자 붉은색과 금색 옷을 걸친 젊은이가 일어나 말했다.

"저는 자유로운 사람입니다. 인생에 좋은 것들을 즐기는 것이 권리라고 생각하는 사람이기도 합니다. 저는 예산을 정하고 그대로 따르며 사는 것이 오히려 돈의 노예가 되는 것 같습니다. 그런 식으로 살면 삶의 즐거움을 뺏긴 채 짐을 나르는 당나귀처럼 사는 거라고 생각됩니다."

아르카드가 말했다.

"젊은이, 그대의 예산을 정하는 것은 누구인가?"

"저 자신입니다."

"만약 당나귀가 자신의 예산을 짠다면 보석과 양탄자, 금괴를 사는 것을 예산에 넣겠는가? 그렇지 않을 걸세. 아마도 당나귀는 건초와 곡물, 사막을 건너기 위한 물 주머니를 포함시킬 걸세.

예산을 세우는 것은 그대가 꼭 필요한 것만을 가지도록 돕기 위함이고, 가까운 미래에 자네가 원하는 모든 것을 가질 수 있도록 돕기 위함일세. 일시적인 충족만 주는 것들이 아니라 가장 소중하고 오랫동안 만족될 것으로 말이지.

또한 무엇이 섣부른 욕망에 의한 것인지를 선별해 줄 걸세. 이 일로 자네의 지갑은 두둑해질 걸세.

이것이 바로 텅빈 지갑을 채우는 두 번째 치유책입니다. 꼭 필요한 것들과 가치 있는 욕구들을 만족시킬 수 있는 지출 예산을 짜도록 하십시오."

세 번째 치유책
– 그대의 돈이 증식되도록 하라

이제 여러분은 수입의 10분의 1을 반드시 모아야 한다는 것을 배웠습니다. 지출을 조절하고 예산을 세워 지출함으로써 그 10분의 1의 돈을 마련할 수 있다는 것을 알게 됐습니다.

이제 그렇게 떼어 놓은 돈으로 어떻게 소득을 만들고 큰 재산을 형성하게 할 것인지 생각해 보겠습니다. 내가 첫 번째로 투자한 것은 방패 제작자인 아르가였습니다. 그는 매년 한 번씩 청동을 대량으로 사들였는데, 그때 부족한 돈을 빌리곤 했습니다. 그는 아주 정직한 사람이라 청동으로 방패를 만들어 팔아 빌린 돈을 갚았습니다. 그는 빌린 돈을 돌려줄 때 이자를 함께 줬습니다.

나는 아르가를 믿고 투자했습니다. 그렇게 받은 원금과 이자로 돈의 씨앗은 늘어났고 수익도 함께 늘어났습니다. 그리고 그 돈들을 결코 다른 곳에 사용하지 않았습니다.

'부'란 지갑에 들어 있는 것이 아닙니다. 부는 내 지갑으로 끊임없이 흘러 들어오게 만드는 우물에 있습니다. 이런 것이 여러분이 원하는 것 아닙니까?

내가 잠을 자고 쉬는 동안이나 여행을 하는 동안에도 계속 들어오는 수입 말입니다. 나는 이 첫 번째 투자에서 원금과 그에 따른 이자가 더해져감에 따라 투자를 더 확대했습니다.

변변찮은 소득으로 시작했지만 시간이 지나며 많은 황금 노예들을 얻은 셈입니다. 그리고 그 황금 노예는 자식을 만들어 냈고 그 자식들의 자식까지 낳으며 열심히 일한 결과가 내 지갑으로 지속적으로 흘러 들어왔습니다.

그 수입은 정말 스스로 커졌습니다. 여러분도 인정하듯 돈이란 합리적인 수입을 일으킬 때 가장 빠르게 증가하는 법입니다. 어느 농부는 첫 아들이 태어났을 때 은 10닢을 대금업자에게 가져갔습니다. 원금과 이자 모두를 지속적으로 투자했기 때문에 4년이 지나자 은화 10닢이 30.5닢이 되었습니다.

농부는 크게 기뻐하며 지금 아들은 그 돈이 필요하지 않으니 아들이 50세가 됐을 때 지불해 달라고 했습니다. 아들이 50세가 되기 전 아버지는 세상을 떠났습니다. 대금업자는 아들에게 아버지가 맡긴 은화를 정산해 주었고 50년 동안 원금은 거의 17배로 늘어나 은화 167개를 주었습니다. 이것이 바로 '복리'입니다. 돈은 늘어나는 비율이 일치되는 수학이 아닙니다. 어느 순간 스스로 계속 커져 비율을 계산할 수 없게 되는 것입니다.

여러분이 알아야 할 것이 바로 이것입니다. 즉 돈을 올바르게 투자할 곳을 매우 신중하게 선택하고 그 원금이 이자와 함께 양떼처럼 번식하게 만드는 것입니다.

네 번째 치유책
- 보물을 잃어버리지 않도록 단단하게 지켜라

불행은 틈을 타고 들어옵니다. 사람의 돈 역시 마찬가지입니다. 굳건하게 지키지 않으면 너무나 쉽게 잃고 맙니다. 그러므로 신이 우리에게 더 큰 것을 맡길 수 있도록 먼저 적은 돈을 안전하게 지키고 그것을 보호하는 방법을 배워야 합니다.

투자의 원칙은 원금에 대한 안전입니다. 원금이 줄거나 사라질 수 있지만 큰 소득을 줄지 모를 곳이라고 맡겨도 됩니까? 저는 아니라고 답할 것입니다. 위험은 '원금의 손실가능성'입니다.

자신의 돈을 맡기기 전에 그것이 안전하게 회수될 수 있는지 면밀하게 따져야 합니다. 빠르게 부를 얻고 싶은 낭만적인 욕망에 현혹되지 마십시오.

어떤 사람에게든 돈을 빌려주기 전에 그 사람이 갚을 능력이 있는지, 평판은 어떠한지 확인해야 합니다. 힘들게 모은 보물 같은 원금을 상대에게 거저 선물로 주는 일이 없도록 하십시오.

투자 전에 위험성을 찾으십시오. 나는 첫 해 모은 10분의 1의 돈을 벽돌을 만드는 아즈무르에게 맡겼는데, 결국 모든 것을 잃었습니다. 그는 벽돌을 만드는 사람이었는데, 먼 지역에서 보석을 구해 와 판 돈을 나누자고 했습니다. 하지만 그는 보석에 대해 잘 몰랐고 사기꾼인 페니키아 사람에게 유리 조각을 얻어 왔을 뿐입니다.

이처럼 돈을 투자함에 있어 자신의 지혜를 과신하지 마십시오. 투자는 돈을 다뤄 본 경험 있는 사람들의 지혜에서 길을 찾는 것이 좋습니다.

이것이 텅빈 지갑을 채우는 네 번째 치유책입니다. 어렵게 마련한 여러분의 원금이 안전할 수 있는 곳, 원할 때 언제든 회수할 수 있는 곳, 틀림없이 정당한 이자를 받을 수 있는 곳에만 투자함으로써 위험으로부터 여러분의 원금을 지키십시오. 돈에 관한 지혜가 충분한 사람들에게 조언을 구하는 일은 불안전한 투자로부터 원금을 보호하는 일이 될 것입니다.

다섯 번째 치유책
– 그대의 집을 수익성 있는 투자로 만들라

다섯째 날 아르카드의 가르침이 시작됐다.

"바빌론에 사는 많은 사람이 작고 초라한 집에서 가족을 부양하고 있습니다. 그런 곳에서는 아내가 즐겁게 살림을 하기 어렵고, 아이들은 안전하고 즐겁게 놀 수 없습니다. 그런데도 집주인에게 매달 비싼 임대료를 지불합니다.

만약 아이들이 깨끗한 환경에서 뛰어 놀 수 있고 아내는 꽃을 키우고 작물을 키울 땅이 있다면, 가족들은 여유롭고 즐거운 삶을 즐길 수 있을 것입니다.

직접 키운 나무에서 열리는 무화과, 포도나무에서 열린 포도를 따 먹는 일은 커다란 기쁨을 가져다줍니다. 자신의 집이 있다는 것은 가장의 마음에 자신감을 심어주고 그가 하는 노력에 힘을 더해

줍니다.

따라서 나는 안식처가 될 집을 소유하라고 권고합니다. 의지가 있다면 누구나 자기 집을 소유할 수 있습니다. 우리의 위대한 왕이 바빌론 땅을 넓게 확장해 주셨기에 합리적인 가격으로 집을 구입할 수 있습니다. 이때 대금업자에게 돈을 빌릴 수 있습니다.

여러분은 집주인에게 집세를 지불하는 대신 대금업자에게 정기적으로 돈을 지불하면 됩니다. 매번 지불한 돈은 부채를 줄게 할 것이고 몇 년이 지나면 대부금을 모두 갚을 수 있을 것입니다.

여러분은 자기 집을 소유하게 된 것에 크게 기뻐하게 될 것입니다. 또한 여러분의 아내는 그 집에서 행복을 느끼며 집안을 더 잘 돌볼 것이고 채소를 기르는 일을 게을리 하지 않을 것입니다.

자신의 집을 소유한 사람은 생활의 여유와 삶의 축복을 맛볼 수 있게 됩니다. 무엇보다 집을 임대하는데 매달 들어갔던 생활비가 크게 줄어 더 많은 수입을 행복과 즐거움을 위해 사용할 수 있게 됩니다. 그러니 여러분 자신의 집을 소유하는 데 노력을 기울이십시오."

여섯 번째 치유책
– 장래의 수입을 마련하라

"인생은 어린 시절을 지나 청장년을 거쳐 노년에 이르게 됩니다. 그 누구도 그 길에서 벗어날 수 없습니다. 그러므로 노후를 위해 수입을 준비해야 하고, 가장이라면 더 이상 가족을 부양할 수 없게 될 경우를 대비할 의무가 있습니다."

아르카드는 여섯째 날의 수업을 시작했다.

"부의 법칙을 이해하며 여분의 돈을 늘려가고 있는 사람은 장래를 준비하는 일에도 신중을 기해야 합니다. 즉 더 이상 돈을 벌 수 없는 시기가 왔을 때 사용할 수 있는 투자 계획과 대책을 마련해야 합니다.

그 방법에는 여러 가지가 있습니다. 비밀장소에 파묻어 놓을 수도 있습니다. 그러나 아무리 잘 숨겨도 도둑이 훔쳐갈 수 있습니다.

집이나 땅을 살 수도 있습니다. 집의 유용성과 장래 가치를 잘 따져 현명하게만 구입한다면 그 가치는 영구적이며 그로 인한 소득 또는 필요할 때 팔아 판매대금으로 노후를 편안하게 지낼 수 있게 됩니다. 대금업자에게 소액의 돈을 맡겨 불릴 수도 있습니다. 맡긴 돈에 이자가 더해지면서 더 커질 수 있습니다.

내가 아는 한 샌들 제조업자는 매주 은화 2닢씩을 8년 동안 대금업자에게 맡겨왔는데 4년마다 맡긴 돈의 4분의 1에 해당하는 이자가 보태져서 은화 1,040닢으로 돈이 불어나 매우 기뻐하고 있었습니다. 내가 그에게 앞으로 12년 간 매주 2닢씩 계속 맡기면 은화 4천 닢을 갖게 될 것이라고 말해주자 그는 크게 기뻐하며 돌아갔습니다.

중요한 것은 이렇듯 작은 돈이라도 정기적으로 모으면 커다란 열매를 만든다는 것입니다. 그렇기에 누구라도 노후생활의 안정을 위한 돈을 마련하는 게 어렵지 않다는 것입니다.

서둘러 일찍 시작하면 할수록 누구든 더 크고 웅장한 부를 이루게 되는 것은 당연한 이치입니다.

나는 언젠가 지혜로운 누군가 사망 보험을 고안해 낼 거라는 믿음을 갖고 있습니다. 많은 사람이 약간의 돈을 정기적으로 넣어 놓았다가 그 중 누군가 생명이 다 했을 때 남아 있는 가족을 위한 생활 자금으로 돈이 지급되도록 하는 것입니다. 이것은 정말 좋은 준비입니다.

그러나 이것은 왕좌만큼이나 확고해야 하기에 이것을 운영하거나 준비된 위원회가 없는 지금은 가능하지 않습니다. 그렇지만 언젠가는 이것이 실현되어 많은 사람들에게 축복이 돼 줄 거라고 믿고 있습니다. 이것은 먼 훗날에나 가능할 이야기이므로 지금은 지금에 맞게 대비해 나가야 합니다.

가난한 남자에게는 더 이상 가장으로서의 역할을 기대할 수 없어서 힘들고 가장 없는 가족은 참으로 비참하기 때문입니다.

이것이 텅빈 지갑을 채우는 여섯 번째 치유책입니다. 여러분이 나이가 들어가는 날 수만큼 늘어나는 돈을 지급받기 위해, 가족을 보호하기 위해, 미리 대비하십시오. 아주 적은 돈으로 시작해 나를 위해 일해줄 부의 노예군단을 기르십시오."

일곱 번째 치유책
- 그대의 돈 버는 능력을 증대시켜라

"오늘 마지막 법칙을 말하려고 합니다. 그것은 성공과 성공에 역행하는 사람들의 마음과 생활에 대해서입니다.

얼마 전 어떤 젊은이가 저에게 돈을 빌리러 왔습니다. 그는 지금 버는 돈으로는 생활이 어렵다고 했습니다. 그는 배를 만들어 노를 젓는 일을 하고자 했습니다. 하지만 그는 빌린 돈을 갚을 능력이 없었습니다. 그는 노를 저어 본 경험도 없었기 때문입니다. 따라서 나는 그 젊은이에게 대금업자와 거래할 수 없는 조건이라고 말해주었습니다. 그리고 나서 그에게 물었습니다.

'젊은이, 자네에게 필요한 것은 지금보다 더 많은 돈을 버는 일이네. 자네는 지금보다 더 많이 벌기 위해 어떤 노력을 하고 있는가?'

'저는 할 수 있는 모든 일을 하고 있을 뿐 아니라 두 달 동안 여섯 번이나 주인을 찾아가 월급을 올려 달라고 요청했습니다. 누구라도 이렇게까지 하지 못할 것입니다. 그러나 주인은 월급을 올려 주지 않았습니다.'

이 청년은 수입을 늘리기 위한 중요한 한 가지를 하고 있지 않았습니다. 부자가 되는 데 꼭 필요한, 돈을 더 갖겠다는 강한 열망을 가진 것은 칭찬받을 만한 일입니다. 그 욕망은 반드시 필요하기 때문입니다. 하지만 욕망은 단지 약한 바람일 뿐입니다. 단순히 부자가 되기를 원하는 마음으로는 모든 일이 이뤄지지 않습니다.

금화 5닢을 갖고 싶다는 욕망은 그 돈을 가질 수 있게 만드는 실체가 됩니다. 금화 5닢을 얻은 다음 10닢을, 그 다음에는 20닢을, 나중에는 1,000닢을 벌 수 있는 방법을 찾아냈을 때 부자로 만들어 줄 10분의 1의 돈도 커질 것입니다.

작지만 명확한 욕망을 성취하는 것을 배운 사람은 더 큰 욕망을 성취할 수 있는 훈련을 한 셈입니다. 따라서 계속해 나갈 수 있는 배짱과 힘, 믿음을 갖게 됩니다. 이것이 바로 부가 축적되는 확실한 과정입니다.

사람이 배우고 더 유능해져 가면서 처음에는 매우 적은 금액을 모으며 시작하지만 더 많이 벌 수 있는 능력이 더해지며 더 큰 돈을 모을 수 있게 됩니다. 하지만 부에 대한 욕망은 단순해야 합니다. 욕망이 너무 여러 가지로 나눠 있거나 달성할 수 있는 범위를 넘어서는 욕망은 그 자체로 목적을 달성하지 못합니다. 사람은 지금 자신이 하는 일에 숙련되면 버는 돈이 늘어납니다. 바로 거기서부터 시작해야 합니다.

나는 매일 몇 푼을 벌기 위해 점토에 글을 새기는 비천한 필경사였습니다. 하지만 주변에는 나와 똑같은 시간을 일하면서 더 많은 돈을 버는 사람들이 있다는 걸 알게 됐습니다. 그들이 나보다 더 실력이 뛰어나고 능숙했기 때문이지요. 그래서 누구에게도 뒤지지 않겠다고 결심하고 능숙해질 수 있도록 노력했습니다. 제 일에 더 많은 관심을 갖고, 작업에 더 집중하고, 더 끈질기게 노력한 결과 하루에 저보다 더 많은 석판을 조각할 수 있는 사람이 거의 없어졌습니다. 나는 숙련도가 높아진 만큼 합당한 보상을 받았고 주인에게 월급을 올려 달라고 요청하기 위해 여섯 번이나 찾아갈 필요가 없었습니다.

사람은 지혜가 많을수록 더 많은 것을 볼 수 있고 얻을 수 있게 됩니다. 자신이 가진 기술을 더 발전시키고 누구보다 숙련된 사람이 되겠다고 결심한 사람은 풍성한 보상을 받을 것입니다. 기능공이라면 자신이 쓰는 도구에 대해 더 알려고 할 것입니다. 법률이나 의료계에 있다면 같은 분야의 사람들과 교류하고 배우면서 지식을 교환할 것입니다. 상인이라면 더 좋은 상품을 더 저렴한 가격에 구입할 수 있는 방법을 계속 모색할 수 있습니다.

자기 일에 면밀하게 주의를 기울이는 사람은 자신을 믿고 지지

하는 사람들이 더 만족할 수 있는 다양한 방법을 고안해 내고 찾아 냅니다. 따라서 그들의 실력은 점점 더 발전됩니다. 그러니 그저 뒤처지지 않으려 전전긍긍하지 말고 진보의 맨 앞줄에 설 것을 권합니다.

이제 자기 자신을 발전시키고 부를 이루고 싶은 사람은 반드시 다음의 것을 수행하도록 하십시오.

지불할 수 있는 한도를 넘는 물건을 구입하지 말되 만약 이미 그렇게 됐다면

모든 힘을 다해 그 빚을 빨리 갚으십시오.

가족들이 나를 자랑스러워할 수 있도록 가족을 돌보십시오.

신이 자신을 부를 때를 대비해 적절하게 재산이 분배될 수 있도록 유언장을 작성해 놓으십시오.

나의 소중한 사람이 큰 불행을 당하거나 다친 사람들을 불쌍히 여기고 합리적인 한도 내에서 그들을 도와야 합니다. 소중한 사람들에게 하는 사려 깊은 행동은 값집니다.

텅빈 지갑을 가득 차게 만드는 일곱 번째이자 마지막 치유책은 자기 자신의 힘을 기르고 늘 공부하고 더욱 현명해지고 더 능숙해지기 위해 노력하며 남들이 자신을 존중할 수 있도록 행동하는 것입니다. 이렇게 했을 때 부를 얻을 수 있다는 자신감은 저절로 생겨날 것입니다.

여러분, 바빌론에는 여러분이 생각하는 것보다 많은 황금이 있습니다. 이 황금은 그것을 가지려는 사람에게 동일한 기회를 제공합니다. 여러분에게는 부자가 될 권리가 있습니다. 이제 이 진리들을 실행하십시오. 그리고 이 도시의 풍요로운 부를 아낌없이 누리고 더불어 나눌 수 있는 이 진리를 가르치십시오."

이 오랜 세월 땅 속 깊이 숨어 있던 바빌론이 나타났다.
흙모래 바람을 타고 그들이 우리에게 모습을 드러낸 것이다.

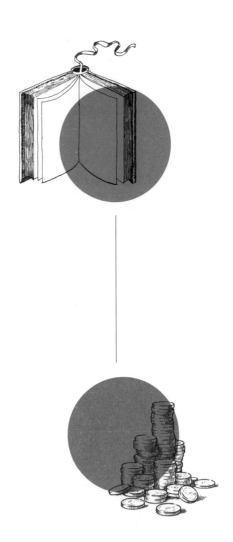

4.

행운의 여신을 만나라

왕의 궁전,

가공원(架空園) 그리고 신전(神殿)에 버금가는 중요성을 가진 건물 하나가 그곳에 있었다. 이 건물은 선생님들이 다양하고 대중적인 주제들을 가지고 공개 토론을 진행하는 학습사원(學習寺院)이었다. 이 곳에서는 모두가 평등해서 노예라도 왕가(王家)의 이야기를 할 수 있을 정도였다.

이제 나이가 제법 많아 지팡이를 짚고 다니는 바빌론의 최고 부자 아르카드 역시 자주 선생님으로 방문하고 있었다. 학습사원에는 이미 50여 명이 바닥에 깔린 작은 융단에 앉아 그를 기다리고 있었다.

"오늘 밤에는 무엇을 논의해 볼까요?"

아르카드는 늙은 노인의 모습이지만 강단 있는 목소리로 물었다.

그러자 중년의 남자가 일어나 말했다.

"저는 오늘 운이 좋았습니다. 금화가 반쯤 들어 있는 지갑을 주웠거든요. 사실 여러분이 비웃을까봐 염려되기는 하지만 저는 오늘

같은 행운의 날이 계속됐으면 좋겠다는 생각이 듭니다. 그래서 어떻게 하면 행운을 불러들일 수 있는지, 또 행운이란 것이 불러들일 수도 있는 것인지 논의해 보고 싶습니다."

"좋은 주제이군요. 행운은 우연히 다가와 절호의 기회를 주곤 하지요. 혹시 여러분 중에 저 분처럼 값진 재물이나 보석을 주웠거나 받아 본 경험 있는 사람이 있습니까?"

모두들 누군가 대답하는지 보려고 주위를 두리번거렸지만 아무도 대답하는 사람은 없었다.

"아무도 없나요? 그렇군요. 이런 행운은 정말 드문 것이 틀림 없는가 봅니다."

그러자 누군가 일어나 말을 이었다.

"그렇다면 도박과 행운을 연관 지어 생각해 보는 건 어떨까요? 흔히 도박에서는 운(運)이 필요하다고 합니다. 그렇다면 도박에서 행운의 여신을 만날 수 있지 않을까요?"

아르카드가 말했다.

"여러분, 무슨 이유로 저 훌륭한 행운의 여신이 어떤 한 사람의 경마 내기나 주사위 놀이에 그토록 많은 관심을 가질 것이라고 생각합니까? 내가 알고 있는 행운의 여신은 어려움에 처한 사람들을 도와주고 그만한 자격이 있는 사람들에게 보상해 주는 것을 즐거움으로 아는 사랑과 존경의 여신입니다. 저는 도박판이 아니라 가치 있는 행동을 하고 더 많은 보상을 받을 수 있는 곳에서 그녀를 찾습니다.

정직한 장사, 모든 직업에 깃든 노력과 거래에 따라 이득을 얻을 기회는 언제나 있습니다. 때로 판단을 잘못 내리거나 변화무쌍한 날씨로 모처럼의 노력이 수포로 돌아갈 수 있으니 언제나 보상을 받는 것은 아닐 겁니다. 하지만 노력을 계속하면 이득의 기회는 항상 있기 마련이죠.

그러나 도박은 다릅니다. 언제나 불리하게 작용하고 상황이 역전될 가능성이 큽니다. 도박장 경영자는 항상 만반의 준비를 하고 있습니다. 주사위 면 중에 붉은 면이 나오면 건 돈의 4배를 받게 된다고 했을 때 주사위를 던질 때마다 5번의 실패를 안고 던지는 것이죠. 결국 거는 돈의 5분의 1을 잃도록 설계된 게임에서 자주 이길 수 있기를 바랄 수 있을까요?

가끔 거액을 따는 사람들이 있지만 그렇게 획득한 돈은 영구적인 가치를 주지 않습니다.

우리는 누군가 잃어버린 지갑을 줍거나 도박판에서 큰돈을 따는 행운을 잡지 못했습니다. 분실된 지갑을 줍는 일이 여기 있는 다른 누군가에게 일어난 적이 없으며 오직 오늘 처음 주운 사람이 있었을 뿐이니까요. 도박에서 여러 번 행운을 거머쥔 사람도 없는 것과 같습니다.

그렇다면 장사와 사업을 생각해 봐야 할 거 같습니다. 이익이되는 거래는 행운입니까? 노력에 대한 정당한 보상입니까? 오히려 우리가 행운의 여신의 선물을 바라지 않고 노력할 때 그녀는 우리를 도울지 모릅니다."

"아르카드, 당신의 말대로 사업의 성공에 근면과 능력을 믿는다면 거의 이룰 뻔했지만 이루지 못한 많은 기회들에 대해서는 어떻게 설명하겠습니까? 분명 여기 많은 사람이 그런 경험을 갖고 있을 겁니다."

"맞습니다. 혹시 여기 있는 사람 중에 거의 잡을 뻔했던 행운을 놓친 경험 있는 사람이 있습니까?"

이번에는 많은 이들이 손을 들었다. 그 중 아르카드가 지목한 사람이 일어나 말하기 시작했다.

"저는 몇 년 전, 막 결혼했을 때입니다. 어느 날 아버지가 찾아와 투자를 시작해 보라고 매우 강력하게 권유했습니다. 아버지의 친구분 자녀 중 한 명이 시(市) 외곽 불모지를 눈여겨봤는데 그 땅은 물이 닿을 수 없는 지역에 있었습니다.

친구분의 아들은 그 땅을 구입해서 3개의 큰 양수차(揚水車)를 만들어 물을 끌어 올려서 주민들에게 야채밭으로 팔 계획이라고 했습니다. 하지만 그는 그만한 일을 해낼 돈이 없어서 주변에 사람들을 모아 사업단을 꾸릴 계획을 세웠습니다. 12명의 사업단을 모았는데 그 조건은 고정적으로 돈을 버는 사람이어야 하며 매월 일정 금액을 지불할 능력이 있는 사람이어야 했습니다.

땅의 개간이 모두 마무리 되고 주민들에게 모두 판매됐을 때

납입한 돈의 비율만큼 이익을 공정하게 나눠주겠다는 계획이었습니다.

아버지는 몇 번이고 찾아와 아직 젊을 때 비교적 적은 돈으로 안정적인 투자를 할 수 있는 그 기회를 잡아야 한다고 계속 저를 설득했습니다. 젊은 날 이런 일을 하지 않은 자신 같은 실수를 하지 않기를 바란다면서요. 제 앞에 있는 기회를 똑바로 알아볼 것을 지속적으로 말씀하시며 머뭇거리지 말 것을 당부하셨지요.

하지만 저는 신혼이었고 아내와 함께 눈여겨봐 둔, 상인들이 동방(東方)에서 가져온 아름다운 새 옷을 살 계획도 있었고 아이가 태어나기 전에 바빌론 외곽에서 니네베까지 여행을 계획하고 있었던 때였습니다. 저는 결국 투자를 하지 않았습니다. 그것은 매우 어리석은 행동이었습니다. 결과적으로 그 땅은 예상보다 더 높은 가격에 모두 팔렸고 자신의 수입 중 10분의 1씩 투자했던 사람들은 몇 배의 수익을 단번에 거뒀기 때문입니다."

그의 이야기를 들으며 모두 자신들에게도 있었던 비슷한 경험을 몇 가지씩 떠올리고 있었다.

아르카드가 그의 말을 받아 말하기 시작했다.

"이것은 기회를 어떻게 받아들이냐에 따라 행운을 잡을 수도 있고 놓쳐 버릴 수도 있다는 것을 알게 해 주는 이야기입니다. 재산의 형성에는 항상 시작이 있어야 합니다. 그것은 금화 또는 은화 몇 닢일 수 있습니다. 저는 소득의 10분의 1을 모아서 샀던 소 한 마리가 부의 시작이었습니다.

모든 사람에게 있어서 노동으로 버는 돈에서 배당금을 받는 사람으로 전환시켜 주는 첫 걸음은 매우 중요한 사건입니다. 만일 앞서 말했던 저 친구가 기회를 알아보는 영리함이 있었다면, 늙은 아버지의 교훈을 가려 들을 수 있었다면 어땠을까요? 그 투자의 첫발을 잘 내디뎠더라면 지금 그는 많은 재화(財貨)의 복을 누렸을 겁니다.

자기 자신에게 이익이 될 수 있는 일을 어리석게 미루는 사람을 일컫는 말은 '우물쭈물하는 사람'입니다. 이 사람들은 기회가 왔을 때 그것을 꽉 잡지 못합니다. 그리고 여전히 기회를 기다립니다. 변명처럼 지금은 할 일이, 계획한 일이 많다고 말합니다.

행운을 바라는 사람은 그 무엇보다 발걸음을 빨리 해야 한다고 생각합니다. 거래가 현명하다고 확신이 들 때는 그 거래를 즉시 해야 한다는 것을 배우십시오. 우리 인간의 마음은 해로운 거래에서 보다는 유익한 거래에서 더 쉽게 흔들린다는 것을 말하지 않을 수 없습니다.

해로운 거래에 대해서라면 우리는 올바른 판단을 내릴 수 있습니다. 비교적 매우 쉽게 판단을 내립니다. 그러나 유익한 거래에 대해서는 흔들리기 쉽고 기회가 도망가도록 두는 어리석음을 범하는 경우가 흔합니다. 처음 내린 판단이 최선의 판단입니다. 그러나 유익한 거래를 하고도 불안한 마음에 갈팡질팡하는 경향이 매우 많습니다.

　저의 경우는 유익한 거래라는 생각이 들면 진행해 놓고도 다시 고민에 빠져 그 유익한 거래를 망치는 것을 방지하기 위해 계약금을 곧장 치릅니다. 그럼으로써 나중에 내게 온 행운을 놓치고 후회하는 일이 없도록 합니다.

　이때 시리아 사람이 일어나 말했다.

　"선생님 정말 감사합니다. 지금까지 들은 이야기들은 매우 가치 있는 이야기입니다. 저는 매번 똑같은 이유로 기회를 달아나게 해 왔습니다. 기회가 올 때마다 주저하고 재빠르게 결정하지 않고서 성공을 바랐습니다."

　그러자 저편에 있던 구매업자가 맞장구쳤다.

　"맞습니다. 행운은 우물쭈물하는 사이에 달아납니다. 우물쭈물 하는 기질은 사람들에게 공통적으로 나타나는데, 행운의 기회가 우리 앞에 나타났을 때 그저 방해가 되는 행동입니다. 결국 우리의 부를 막는 적이라고 말할 수 있습니다.

　저는 유리한 매매를 놓친 일이 있는데 그것이 서투른 제 판단 때문이라고만 생각했습니다. 나중에는 고집 센 성질 탓으로 돌렸습니다. 이제야 무엇 때문인지 알게 됐습니다.

　신속하고 결정적인 행동이 필요한 일에서 불필요하게 지체하는 습관이 있던 겁니다."

　"그렇군요. 좋은 깨달음을 얻었다니 나 역시 기쁩니다. 여러분이 우물쭈물하는 기질을 극복해야겠다고 결심하면 그것을 극복하는 일은 어렵지 않습니다. 누구도 자신의 곡식 창고가 강탈 당하는 것을 보고 있지 않습니다. 누구도 자신의 고객을 내쫓아 버리고 이득을 빼앗기는 것을 보고 있지 않습니다. 우물쭈물하며 행운을 날려 버리는 기질은 부를 위해 극복해야만 합니다.

이제까지 살아오면서 저는 여러 세대의 사람들이 인생에서 성공으로 이끌어 주는 것을 따라 앞으로 나아가는 것을 지켜봐 왔습니다. 기회라는 것은 모든 사람들에게 다가갑니다. 어떤 사람들은 기회를 꽉 붙잡아 욕망을 꾸준히 만족시켜 나갔지만, 대다수의 사람들은 기회를 붙잡는 것을 머뭇거리고 주저하다가 결국 뒤처졌습니다."

조용히 앉아 고개를 연신 끄덕이던 젊은 청년이 일어나 조용히 입을 열었다.

"저는 이제 다른 관점에서 행운을 보게 됐습니다. 아무런 노력 없이 느닷없이 찾아오는 행운이 가장 좋은 것으로 생각했습니다. 그런데 이제 그런 일은 사람이 끌어 당길 수 있는 것이 아니라는 것을 깨달았습니다. 행운은 기회를 놓치지 않고 이용하는 것으로 스스로 끌어 당기는 일이라는 것을 알게 됐습니다. 앞으로 저에게 오는 그런 기회들을 가려내 최대한 이용하며 언제나 행운이 제 삶에 깃들어 있도록 애쓰며 살아갈 것입니다."

"그렇습니다. 진리는 이렇습니다. 즉 행운은 기회를 받아들임으로써 오는 것이란 사실입니다. 행운의 여신은 자신을 기쁘게 해주는 사람, 행동하는 사람을 진심으로 돕고자 합니다."

행운의 여신은
행동하는 사람에게 호의를 나타낸다.

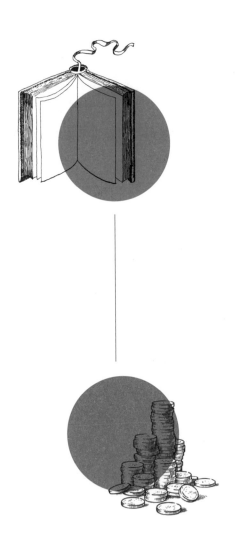

5.

황금의 5법칙

자녀교육

"만일 자네들의 아들들에게

금이 가득 든 가방과, 지혜의 말씀이 새겨진 점토판 중 하나를 선택하라고 하면 어느 것을 택하겠는가?

아마도 금이겠지. 내 아들들은 나의 재산이 모두 자신들에게 상속될 것을 알고 있기 때문에 돈을 버는 별다른 지혜를 구하려고 하지 않을 걸세."

"맞아, 내 아들들도 그럴거 같군. 내 모든 영혼을 다 바쳐 일군 재산을 아무 노력도 하지 않는 자식들에게 주는 것이 불안하고 걱정스럽네. 헌데 그걸 왜 물었나, 칼라밥."

"나 역시 같은 생각이네. 내 아들들 역시 그렇겠지. 하지만 칼라밥 자네는 전혀 그런 걱정을 하지 않아도 될 거 같은데. 자네의 세 자녀는 이곳 바빌론에서도 이름난 부자가 돼 있지 않은가. 멀리 바다까지 나가 무역을 하고 있다고 들었네. 혹시 자네의 아들들을 자랑하기 위해 질문한 건가?"

주름이 깊게 파인 칼라밥은 짐작했다는 듯 미소를 지었다. 칼라밥과 세 친구는 어릴 적부터 함께 자랐다. 하지만 청년 시절 그들은 각기 흩어져 서로의 삶을 들여다보지 못한 채 이제 노인이 돼 있었다. 그러다 고향 바빌론 땅으로 돌아와 서로를 알아보고 깊은 우정을 다시금 나누며 지내고 있는 차였다.

"그게 아니라네. 내 오랜 벗들이여.

저기 어둠 속에 들개들이 울부짖는 소리가 들리는가? 들개들은 굶주림으로 울부짖고 있지. 그들에게 먹이를 줘 보게. 그러면 들개들은 어떻게 할까? 서로 으르렁거리며 꼬리를 치켜 세우고는 먹이를 차지하기 위해 맹렬하게 싸울 걸세. 그것들은 내일 일은 전혀 신경 쓰지 않고 모든 힘을 전부 쏟아 싸우고 또 싸우며 먹이를 더 차지하려고 들겠지.

부자의 아들들도 마찬가지라네. 그들에게 돈과 지혜의 선택권을 준다면 어떻게 할 거 같은가? 지혜보다는 돈을 선택하고 그렇게 얻은 돈을 모두 써 버릴 것이네. 며칠 혹은 몇 달, 몇 년이 지나서 주머니에 더 이상 돈이 남아 있지 않다는 걸 알고는 그제서야 자신의 상황을 깨닫고 뒤늦은 후회를 할 것이네.

우리가 힘들게 일군 재산을 우리 아들들은 바로 그런 식으로 바람에 모두 날려 버리고 말겠지. 자네들도 알다시피 돈은 그 속성을 아는 사람들의 것으로 운명 지어져 있기에 그 같은 사람에게만 머무는 법이지 않은가.

우리는 오랜 벗들이네. 오랫동안 서로가 얼마나 충실하게 살아 왔는지 똑똑히 봐왔네.

이 모든 일에 대한 보상으로 오늘 밤 나는 자네들에게 지금까지 결코 들어보지 못한 이야기를 해주려고 하네. 지금부터 내가 하는 말을 잘 들어보게."

그들 머리 위로 바빌로니아의 하늘에 수정처럼 맑은 별들이 찬란하게 빛나고 있었다. 뒤로는 사막의 폭풍우에 대비해 단단하게 고정된 빛바랜 천막이 어렴풋이 보였다. 텐트 옆으로는 가죽으로 덮어 놓은 상품들이 가지런히 쌓여 있었다.

"칼라밥, 자네는 언제나 우리에게 친절했지. 오늘 우리에게 해 주는 이야기 역시 잘 들어 보겠네."

"나는 바빌론의 가장 유명했던 사람, 바로 아르카드라는 사람의 지혜에 대해 얘기해 주고자 하네."

"아르카드라고? 그의 이야기라면 우리도 들어 알고 있지. 그는 바빌론에 살았던 사람 중에 제일가는 부자 아니었나."

칼라밥의 오랜 벗 르할랄이 말했다.

"맞네. 자네나 우리 바빌론 인들 모두 그의 이름을 들어 봤을 것이네. 하지만 오늘 내가 하려는 말은 우리 모두와 우리 아들들에 대한 이야기가 될 걸세. 그리고 아직 아무에게도 들어 본 적 없는 이야기일 걸세.

내가 오래 전 니네베에서 아르카드의 아들 노마시르에게 직접 들은 이야기를 오늘 밤 들려주겠네.

나는 십대 후반에 내가 일하는 상점의 주인과 노마시르의 멋진 저택에 밤늦게까지 있게 됐지. 상점 주인은 노마시르가 마음에 드는 융단을 결정할 때까지 화려한 융단을 한장 한장 펼쳐 보이고 있었어. 노마시르는 융단 몇 개를 선택하고는 매우 만족했기에 포도주를 따라주며 호의를 베풀었지. 그 포도주는 매우 향기로웠으며 지금껏 한 번도 마셔 보지 못한 아주 귀한 것이었다네. 포도주를 따라주며 노마시르는 자신의 아버지 아르카드의 탁월한 지혜에 관해 이야기하기 시작했어.

바빌론에서는 부자 아버지를 둔 아들은 재산 상속을 기대하며 아버지와 함께 사는 것이 일반적인 관습이 아닌가. 그러나 아르카드는 이 관습을 따르지 않기로 결심했다네. 그래서 노마시르가 성년(成年)이 되자 아들을 불러 이렇게 말했지.

'아들아, 네가 나의 많은 재산을 상속받기를 바란다. 그러기 위해서 네가 재산을 훌륭하게 관리할 능력이 있다는 것과 세상에 나가 네 스스로 돈을 벌고 다른 사람들의 존경을 받을 수 있다는 걸 증명해야만 한다. 나는 네가 이것을 이룰 수 있도록 돕고 싶구나. 내가 가난한 젊은이었던 시절 가진 적 없던 두 가지를 너에게 주려고 한다.

우선 이 돈 가방을 받거라. 만일 네가 이 돈을 현명하게 사용한다면 이 돈은 장차 네 성공의 기반이 될 것이다. 그리고 황금의 5법칙이 새겨진 이 점토판을 주겠다. 만일 네가 이 점토판에 새겨진 5가지 법칙을 이해한다면 그것은 너에게 많은 도움과 안전을 가져다줄 것이다.

오늘부터 10년 후에 너는 다시 집으로 돌아와 그동안 무엇을 했는지 설명하여라. 네가 상속받을 자격이 있음을 증명한다면 내 재산의 상속인이 될 것이다. 그렇지 않다면 제사장들에게 내 재산을 모두 기부해서 내 영혼을 위해 신들의 축복을 빌어 달라고 할 것이다.'

10년이 지나 노마시르는 약속한 대로 고향집으로 돌아왔다네. 아버지 아르카드는 그를 위해 큰 잔치를 베풀어 모두를 초대했지. 이제 아버지와의 약속대로 모두가 보는 앞에서 노마시르는 지난 10

년의 행적을 고하기 위해 일어섰어.

'아버지 저는 아버지의 지혜 앞에 절을 올립니다. 저는 10년 전, 아버지를 떠나 니네베로 갔습니다. 그곳에서 기회를 발견할 수 있다고 생각했고 많은 친구를 사귀기도 했습니다.

그곳에 도착해 얼마 지나지 않았을 때 새로 사귄 친구 중 누군가 자신만 알고 있다는 매우 비밀스런 이야기를 제게 해주었습니다. 그것은 니네베에서 지금껏 한 번도 본 적 없는 말을 소유한 부자에 대한 이야기였습니다. 그가 소유한 말은 어찌나 빠르게 달리는지 니네베의 그 어떤 말도 쫓아갈 수 없다는 것이었습니다. 말의 주인은 그 말을 경주에 내보내 내기를 걸고 큰돈을 벌고 있다고도 했습니다.

하지만 자신과 친구들은 그 말보다 더 빨리 달리는 말을 발견했으며 자신들이 찾아낸 그 말에 비하면 부자의 말은 당나귀나 마찬가지라고 했습니다.

결국 저는 그들의 말을 믿고 가진 돈 대부분을 내기에 걸었습니다. 하지만 얼마 지나지 않아 저는 그들의 속임수에 넘어갔다는 것을 알게 됐고 제가 가진 거의 대부분의 돈을 잃었습니다. 아버지가 주신 금은 그렇게 빛의 속도로 제 손에서 사라져 버린 것입니다. 나중에 알았지만 니네베에 있던 부자란 사람은 이들과 한패였으며 니네베에 온 사람들의 금 주머니를 그런 수법으로 약탈하는 자들이었습니다.

저는 걱정으로 잠을 이룰 수 없었습니다. 친구라고 믿었던 자의 못된 사기에 넘어간 것이 분했습니다. 하지만 약속의 서판을 만들고 이름을 새겨두지 않아서 그곳 재판관에게 찾아가 제 억울함을 이야기할 수도 없었습니다.

그러던 어느 날 니네베에서 사귄 또 다른 친구가 제게 제안을 해왔습니다. 그는 저처럼 집안이 부유했고 성공하는 법을 배우기 위해 니네베로 여행 중이었습니다. 그는 니네베에 도착해서 얼마 지나지 않아 저를 만났습니다.

그런데 그는 니네베를 두루 돌아다니던 어느 날 시장 안 어떤 가게 상인이 죽었다는 것을 알게된 것입니다. 그 친구는 그 상점 안에 많은 물건과 단골이 많음에도 갑작스럽게 주인이 죽은 탓에 그 상점을 헐값에 살 수 있게 됐다고 말했습니다.

그러면서 저에게 제안을 했습니다. 똑같이 투자하여 함께 장사를 해보자는 것이었습니다. 다만, 자신은 돈을 가지러 바빌론의 아버지 집에 다녀와야 하니 우선 제 돈으로 가게를 구입하고 후에 더많은 물건을 사는 데 자신의 돈을 사용하자고 설득했습니다.

하지만 그는 바빌론에 가지 않고 오랫동안 미적거렸습니다. 게다가 구입한 상점에 있는 물건은 팔리지 않는 쓸모없는 것들이 많았으며 이전부터 장사가 안 되는 곳이었습니다.

뿐만 아니라 그 친구는 매우 낭비벽이 심했습니다. 술을 마시고 즐기며 새로운 투자와 돈을 벌 기회를 떠벌리며 허황된 성공을 만들어 내는 말을 즐기는 사람이었습니다.

저는 그를 내쫓아버렸습니다. 하지만 이미 사업은 악화되었고 팔리지 않을 물건들만 가득한 상점만 남게 됐습니다. 팔릴 만한 물건을 살 돈도 남지 않았기에 하는 수 없이 그 상점을 마음씨 좋은 이스라엘 사람에게 그냥 줘 버렸습니다.

비통한 날이 이어졌고 일자리도 구하지 못했습니다. 제가 돈을 벌 수 있는 전문지식이나 어디에 취직할 만한 경력도 없었으니까요. 저는 말을 팔았고 노예를 팔았고 음식과 잠자리를 위한 여분의 로브도 팔았지만 현실은 더 비참해졌습니다.

바로 그때 아버지께서 주신 황금의 5법칙이 새겨진 점토판이 생각났습니다. 저는 보자기에 싸여 있던 점토판에 새겨진 글자 하나하나를 세심하게 읽기 시작했습니다. 저는 그 말씀을 아주 주의 깊게 읽었습니다. 만약 제가 여기 이 점토판에 새겨져 있는 지혜가 돈이나 금보다 더 중요하다는 걸 알았다면 저는 아무것도 잃지 않았을 겁니다.

저는 그때 점토판의 지혜를 주의 깊게 읽고 반드시 아버지의 기대를 저버리지 않겠다고 결심했습니다. 아버지는 제게 훌륭한 사람이 되라고 세상에 내보내셨습니다. 그것을 깊이 깨닫고 황금의 5법칙을 모두 외울 때까지 자리에서 일어나지 않았습니다. 젊음의 패기가 아니라 오래된 연륜의 지혜의 말씀을 따르는 삶을 살겠다고 결심했습니다.

자, 보십시오. 아버지.

10년 전 받았던 무게와 같은 니네베의 금화 가방을 이제 아버지께 돌려 드립니다. 그리고 아버지께 받은 점토판 대신에, 보십시오. 금화 두 가방을 돌려 드립니다.

이것은 아버지께서 주신 교훈이 돈보다 더 가치 있다는 것을 증명하기 위함입니다. 지혜의 가치를 어떻게 돈 가방으로 잴 수 있겠습니까? 만약 지혜 없이 돈 가방 10개가 있다 해도 그 돈은 순식간에 사라질 것입니다. 하지만 지혜가 있다면 이 3개의 돈 가방이 증명하듯, 빈털터리도 돈을 획득할 수 있다는 것이 밝혀졌습니다.

이렇게 저는 젊음의 패기 대신 아버지가 주신 지혜의 점토판 덕분에 부자가 될 수 있게 됐으며 사람들에게도 존경 받게 됐다고 말씀 드릴 수 있어 무척 행복합니다.

아르카드는 아들 노마시르의 머리 위에 다정스럽게 손을 얹고 눈물을 흘리고 있었다.

'노마시르, 너는 참으로 값진 교훈을 배웠구나. 나는 재산을 맡길 수 있는 지혜로운 아들을 얻었음에 정말로 큰 행운을 받은 이가 되었노라.'

그날 이들 부자의 모습을 지켜본 사람들은 정말 큰 깨달음을 얻을 수 있었다네. 바로 우리들에게 꼭 필요했던 것이기도 하지 않나? 노마시르의 이야기로 우리가 배울 것은 바로 이것이네.

우리 아들들 중 누가 자신의 소득을 현명하게 관리했다고 당당하게 말할 수 있는가? 만약 '저는 여행을 많이 했고 많은 것을 배웠고 많은 일을 했으며 또한 돈을 많이 벌었습니다. 그러나 안타깝게도 모아둔 돈은 거의 없습니다. 그 중 일부는 현명하게 썼고 일부는 어리석게 썼으며 많은 돈을 후회되는 방식으로 잃었기 때문입니다'라고 말한다면 자네들은 어떻게 할 텐가?

어떤 사람은 돈이 많고 어떤 사람은 한 푼도 없는 것을 아직도 운명의 탓이라고 생각하기에 그 아이들 모두의 실수는 되풀이 될 걸세.

빨리 온 부는 같은 식으로 가 버린다는 것을, 주인에게 즐거움과 만족을 주기 위해 오는 부는 서서히 온다는 사실을 알려 주세. 나는 십대 시절 노마시르에게 들은 즉시 점토판에 그 법칙을 새겨놓았고 지금까지 똑똑히 기억하고 있지.

내가 나의 세 자녀에게 이 점토판을 주었듯 이제 자네들의 아들들에게도 전해 줄 수 있기를 바라네."

황금의 5법칙
– 황금의 제 1법칙

황금은 자신의 미래와 가족의 미래를 위해

소득의 10분의 1을 저축하는 사람에게 몰려든다.

누구나 즉시 모을 수 있는 돈은 수입의 10분의 1이다.

내가 더 많은 돈을 벌어서

10분의 1 만큼의 액수가 커지게 해야 한다.

이 돈은 반드시 소중하고 튼튼한 자산으로 쌓인다.

그 먼 곳으로부터 우리에게 전달된 5000년의 부

– 황금의 제2법칙

황금은 그것을 현명하게 이용하는 주인을 위해 부지런하고
만족스럽게 일을 하여 들판의 소떼처럼 증식한다.

돈은 자발적인 일꾼이다.
돈은 기회를 만나면 한층 더 증가하려는 특징이 있다.
모아둔 돈이 있는 사람에게는
반드시 가장 유익하게 사용할 수 있는 기회의 행운이 온다.

출처_British Museum

– 황금의 제3법칙

황금은 현명한 사람들의 조언에 따라 투자하는
신중한 주인을 보호한다.

돈은 부주의한 주인에게서는 빠르게 달아나지만
신중한 주인에게는 달라붙어 떨어지지 않는다.

바빌론의 석판은 그들의 탁월한 보관방법 덕분에
지금 우리에게 거의 영구적인 방법으로 전달됐다.

말랑한 흙에 글을 새기고 불에 구워 커다란 항아리에 넣어 보관해 온 바빌론의 석판들.

– 황금의 제4법칙

황금은 전망 없는 사업에 투자하는 사람에게서 몰래 빠져 나
간다.

자신만의 판단에 따라 익숙치 않은 사업이나

목적에 투자하는 사람은

자신의 판단이 어리석었다는 뒤늦은 후회를 하게 된다.

돈을 현명하게 관리해 온 사람들의 조언을 구할 때

안전하게 보존하는 방법을 알게 된다.

– 황금의 제5법칙

황금은 허황되게 돈 버는 법을 주장하거나 비현실적인 욕망을 따르는 사람에게서 달아난다.

돈 벌 기회를 과장하며
자신의 모험담을 떠벌리는 사람을 주의하라.
그러나 현명한 사람들에게 조언을 구해 보면
그 모든 계획 뒤에 있는 위험성을 알게 된다.
원금을 무익한 투자에 묶어 놓는 어리석음을 주의하라.

그들은 후세를 위해 여러 부면의 가르침과 지혜를 남겼다.
그리고 일기장과 가계부, 빚을 갚고 저축을 해 가는 과정까지 모두.

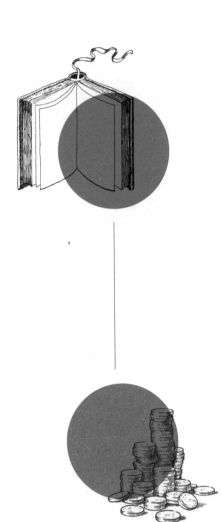

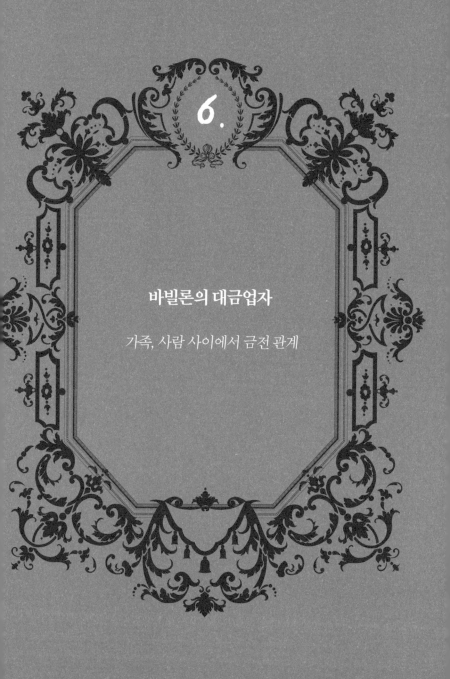

6.

바빌론의 대금업자

가족, 사람 사이에서 금전 관계

금화 50닢이라니!

바빌론의 투창(投槍) 제조업자인 로단은 그렇게 많은 돈을 지갑에 넣어 본 적이 없었다. 그는 왕의 궁전에서 행복하게 걸어 나오는 중이었다. 걸을 때마다 허리에 찬 지갑에서 금화가 짤랑거리고 있었다.

이 돈이면 집이나 땅, 가축이나 말 혹은 마차, 금빛 자수가 새겨진 옷, 원하는 건 무엇이든 살 수 있었다.

로단이 대금업자이자 직물 거래업자인 마손의 상점에 온 것은 그로부터 며칠 후였다.

"어떻게 해야 좋을지 몰라 선생님께 상의드리려고 찾아왔습니다."

마손이 상냥하게 미소 지었다.

"그대가 대금업자를 찾아오다니, 무슨 일을 저질러 급하게 돈이 필요하오? 아니면 집에 무슨 일이 생긴 것이오? 여러 해 동안 그대를 알아왔지만 돈을 구하러 내게 온 적이 한 번도 없지 않았소?"

"저는 돈을 구하러 온 것이 아닙니다. 그보다 선생님의 현명한 조언을 구하고자 왔습니다."

"조언을 구하러 대금업자에게 오다니 재미있군 그래. 사람들은 어리석은 행동을 저지르고 급하게 돈이 필요해서 내게 오기는 해도 조언을 구하러 오지는 않네. 그러나 곤란한 일로 찾아오는 사람에게 대금업자 이상으로 조언해 줄 수 있는 사람도 없지. 그래, 로단. 자네의 어려움을 이야기해 보게나."

"문제는 왕의 선물입니다."

"왕의 선물이라고? 왕이 그대에게 내린 상이 그대를 곤란하게 한다는 말인가?"

"네, 그렇습니다. 제가 왕실 근위대가 쓸 창을 새롭게 제안했는데, 폐하께서 흡족해 하시며 금화 50닢을 주셨습니다. 그래서 몹시 난처한 상황에 놓였습니다. 그 일로 저를 알았던 많은 사람들이 시간마다 찾아와 돈을 나누어 달라는 간청을 하고 있습니다."

"그렇군. 그건 당연한 일이기도 하지. 사람들은 큰돈을 갖게 된 사람의 돈을 나눠 갖고 싶어 하니 말일세. 그렇다 해도 자네가 안된다고 말하면 되지 않은가?"

"네, 저는 안 된다고 말할 수 있습니다. 그러나 사랑하는 누이의 부탁을 거절하기는 쉽지 않습니다."

"자네가 사랑하는 누이는 자네의 금화를 뺏으려 하지 않을 것 같은데?"

"누이가 제 상금을 원하는 것은 그의 남편 때문입니다. 누이는 남편이 성공한 상인이 되기를 바랍니다. 그래서 제게 금화를 빌려 남편이 부유한 상인이 된 후에 갚을 수 있게 해 달라고 간청하고 있습니다."

"로단, 자네의 고민은 의미 있는 문제일세. 돈은 소유자에게 책임감을 요구하지. 돈이 생기면 친구들 사이 지위도 달라지는 법이니까. 또 돈은 그것을 잃거나 사기를 당하거나 빼앗길까 하는 두려움도 함께 주지. 또한 권력을 줄 수도 있고 좋은 일을 할 수도 있는 힘도 준다네.

자, 이리 와 앉게나. 자네에게 니네베 농부에 대해 이야기해 줘야 할 것 같군. 돈은 단순히 빌리고 빌려주는 것, 단순히 내 손에서 다른 사람의 손으로 넘어가는 것 이상의 의미가 있다는 사실을 알게 될 걸세."

로단은 마손이 내어준 양탄자에 시름이 가득한 얼굴로 앉았다.

"예전에 동물의 말을 알아듣는 농부가 있었네. 어느 날 농장에서 나귀가 자신의 모진 신세를 한탄하는 황소의 말을 듣게 됐지.

'나는 아침부터 저녁까지 쟁기를 끌어야만 해. 더워도 다리가 아파도 고삐 때문에 등가죽이 벗겨져도 일을 해야 해. 그것에 비하면 너는 정말 한가로운 녀석이야. 주인님을 실어 나르는 것 말고는 하는 게 없으니까. 주인님이 밖에 나가지 않으면 넌 한가로이 풀이나 뜯고 있잖아.'

그러자 나귀가 말했네.

'너의 운명을 내가 바꿔줄게. 잘 들어. 주인님이 밭으로 너를 데려가거든 땅에 드러누워. 네가 아파서 도저히 일 할 수 없다고 생각할 정도로 크게 울도록 하렴. 그럼 너는 틀림없이 하루 종일 쉴 수 있을 거야.'

황소는 다음 날 나귀가 시킨 대로 했어. 노예는 황소가 아파서 쟁기를 끌 수 없다고 농부에게 보고했지. 그러자 농부가 말했어.

'밭은 꼭 갈아야 하니 황소 대신 나귀에게 쟁기를 매게.'

그날 나귀는 하루 종일 황소의 일을 대신해야 했어. 쟁기가 풀리고 저녁이 되자 마음은 서글펐고 다리도 아프고 상처도 나 있었지. 그날 저녁 농부는 나귀와 황소가 무슨 말을 하는지 다시 귀를 기울였다네.

황소가 먼저 말을 했지.

'너는 정말 좋은 친구야. 너의 현명한 조언 덕분에 나는 하루 종일 쉴 수 있었어.'

그러자 나귀가 말했네.

'나는 친구를 도우려던 건데 오히려 친구 대신 일을 하게 된 어리석은 놈이 돼 버렸어. 내일부터 너는 다시 쟁기를 끌어야 할 거야. 아니 꼭 그래야 해. 네가 내일도 아프게 되면 도살업자에게 너를 넘기라고 말하는 주인님의 말을 들었거든.'

그 말을 끝으로 나귀와 황소는 더 이상 말을 하지 않고 지냈다네. 둘의 우정이 끝장나고 말았거든. 이 이야기가 주는 교훈이 무엇인지 알겠는가?"

"좋은 이야기입니다. 하지만 정확히 어떤 교훈을 말하는 건지 잘 모르겠군요."

"친구를 돕기 원한다면 그 친구의 짐을 대신 짊어지는 방식으로 도와줘서는 안 된다는 걸세."

"그렇군요. 정말 훌륭한 교훈입니다. 전 매부의 짐을 대신 떠맡고 싶지 않습니다. 선생님은 많은 사람에게 돈을 빌려주지요. 그 중에 돈을 갚지 않는 경우가 있나요?"

"돈을 빌려간 사람이 갚지 않으면 그건 돈을 빌려준 사람이 신중하지 못한 경우지. 돈을 빌려주는 사람은 자신의 돈이 낭비될 가능성이 있는지 잘 판단해야 하네. 자, 내가 빌려준 대부 징표들이 들어있는 상자를 열어 몇 가지 경우를 설명해 주겠네."

그는 청동 장식 무늬가 있는 긴 상자를 가지고 나와 로단 앞에 앉았다.

"내가 갖고 있는 이 징표들은 대부분 내가 해준 대부보다 더 큰 가치가 있는 것들이네. 더불어 상환하지 못할 경우 합의된 만큼 나에게 재산 일부를 주겠다는 계약서도 함께 갖고 있지. 나는 대부분의 돈이 이자와 함께 정해진 그날에 즉시 상환될 거라고 확신하네. 돈을 빌린 사람의 실재 재산에 근거를 뒀기 때문이지.

다른 부류는 돈을 벌 수 있는 능력이 있으나 현재 돈이 부족한 사람들이네. 이들은 일을 하고 있고 일정한 수입이 있는 사람들이지. 이런 사람들에게 빌려준 대부는 노력에 기초를 두고 있다고 할 수 있네.

다른 경우도 있지. 재산도, 돈을 벌 확실한 능력도 없는 사람들일세. 이 사람들에게, 그 친구들로부터 그가 정직한 사람이라는 보증도 없이 돈을 빌려주었을 때는 그것이 아무리 적은 돈이라도 이 상자의 보증을 보며 나 자신을 한탄한다네."

마손은 고리를 풀고 상자를 열었다. 로단이 호기심으로 상자를 들여다보았다.

"이것은 어떤 징표인가요?"

진홍색 천으로 싸여 있던 청동 목걸이 하나를 집어 들며 물었다.

"이 목걸이는 언제까지나 이 상자에 남아 있을 걸세. 그 주인은 저 세상 사람이 됐거든. 그는 나의 둘도 없는 친구였지. 우리는 함께 장사했고 큰 성공을 거뒀네. 하지만 그가 동방에서 결혼할 여자를 데려오며 비극은 시작됐지. 그 여자는 눈부실 정도로 아름다웠어. 그는 그녀를 위해 아낌없이 돈을 썼네. 그러다 돈이 다 떨어지자 나를 찾아왔어. 나는 함께 다시 돈을 벌 방도를 의논하자고 말했지. 친구는 희망을 안고 돌아갔어. 하지만 집으로 돌아간 뒤 그녀와 말다툼을 벌이다 그녀가 찌른 칼에 숨지고 말았네. 자책한 그녀는 유프라테스 강에 투신했지. 이 물건은 커다란 격동이나 고통에 처한 사람은 결코 안전한 손님이 아니라는 사실을 말해준다네. 더불어 내게는 슬픈 사연의 물건이기도 하다네.

이 물건은 다른 이야기도 담고 있지."

로단은 멋진 장식에 보석을 박아 넣은 묵직한 금팔찌를 집어 들었다.

"이 팔찌의 주인은 곧잘 허튼소리를 해서 나를 힘들게 하는 뚱뚱한 노파라네. 한때는 돈도 제법 많았고 나와의 거래도 괜찮았지. 노파에게는 아들이 하나 있는데 큰 상인과 동업으로 이 도시 저 도시로 다니며 장사를 할 수 있도록 내게 돈을 빌리러 왔지. 하지만 그 상인은 사기꾼이었어. 아는 사람 하나 없는 도시로 노파의 아들을 데려가서는 버려두고 홀로 어디론가 가 버렸네. 나는 분명 빌려준 돈과 이자를 한 푼도 받지 못하게 되겠지만 이 팔찌는 내가 빌려준 돈만큼의 값어치는 되지."

"그 노파는 돈을 빌릴 때 당신께 조언을 구하지 않았나요?"

"오히려 그 반대였네. 노파는 자기 아들을 바빌론의 큰 상인이자 존경받는 사람이 될 거라고 이미 머릿속에 그려 놨었네. 내가 조언을 하려 하면 몹시 화를 냈지. 이 미숙한 젊은이에게 가는 돈은 매우 위험했지만 담보를 가져와 돈을 달라 하니 거절할 수는 없었지."

"이걸 보게나."

마손은 조그맣게 묶은 매듭을 들어 올렸다.

"이것은 낙타 상인인 네투르의 것이라네. 그는 많은 돈이 드는 가축 떼를 사려고 할 때 나에게 이 매듭을 가져오지. 그럼 나는 그가 원하는 만큼 대부를 해주네. 그는 현명한 상인이고 훌륭한 판단을 하는 사람으로 신뢰하기 때문이지. 이곳 바빌론의 다른 상인들 역시 자신들의 명예로운 행동으로 이런 신뢰를 얻고 있다네."

이 말을 마치자 상자 안에서 터키석으로 만든 딱정벌레 장식품을 들어 땅바닥에 내던지며 말했다.

"이것의 주인은 상환에는 전혀 관심도 없다네. 내가 그를 나무라면 그는 이렇게 대꾸하지. '불운이 닥쳐왔는데 어떻게 돈을 갚겠어요! 당신은 나보다 돈도 더 많지 않나요?'

이 보증서는 그의 아버지 것일세. 자기 아들의 사업을 뒷바라지 해주겠다며 자기 땅과 가축을 저당 잡혔지. 그 젊은이는 처음에는 성공하는 듯 보였지만 단숨에 벼락부자가 되려는 욕심에 사로잡혔어. 그 젊은이의 지식이라는 건 미숙하기 짝이 없었어. 그러니 사업이 망하고 말았지.

흔히 젊은이들은 야심만만하지. 부자가 되는 지름길로 가려는 거야. 그런 건 뜬구름이나 마찬가지라고 우리 조상님들이 말해준 것을 고리타분한 옛이야기라며 듣지 않아. 젊은이들은 종종 무분별하게 돈을 빌리기도 한다네. 부채라는 것이 순식간에 헤어날 수 없는 깊은 구덩이가 된다는 걸 결코 들으려고 하지 않으니까.

그건 밝은 햇빛을 가리고 잠 못 이루는 불행한 밤이 계속될 일이라는 걸 말이지. 눈물과 슬픔과 후회와 고통의 구덩이라는 것을 말일세.

하지만 현명한 목적을 위해서라면 돈을 빌리는 것이 바람직하지. 나 역시 빌린 돈으로 상인의 길로 들어서 성공을 했으니 말이야.

하지만 이 물건을 맡긴 젊은이는 절망에 빠져 아무것도 하지 않고 있어. 그렇다고 그의 아버지가 잡힌 땅과 가축을 뺏는 짓은 할 수 없다네."

"마손 당신은 정말 흥미로운 이야기들을 해 주셨습니다.

하지만 제 질문에 대한 답은 듣지 못한 것 같습니다. 저의 금화 50닢을 누이의 남편에게 빌려줘야 할까요? 매부는 창을 만드는 제 일을 많이 도와주고 또 상점에서 일을 한 적도 있기 때문에 분명 성공할 자신이 있다고 생각하고 있습니다. 그러니 돈을 빌려주지 않겠다고 말하기가 매우 어렵습니다."

"자네의 누이는 믿음이 가는 사람이네. 그러나 매부가 와서 돈을 빌려 달라고 하면 무엇에 쓸 것인지 묻고 그에 따른 지식과 경험이 분명히 있는지 재차 물어보게나. 상인은 자신의 장사에 관한 지식을 갖추고 있어야 하네. 자네의 매부는 분명한 답을 할 수 있는 사람인가?"

"아닙니다. 아직 그러지는 못할 겁니다."

"야심은 가치가 있지만 현실적이지 못하다네. 아무리 그럴듯해 보여도 상상으로 된 것이네. 만약 그렇다면 나는 한 푼도 빌려주지 않을 걸세.

자네의 매부가 '나는 상인들을 많이 도와 봤고 싼 값에 구할 방법도 알고 있고 큰 이익을 내고 거래해 줄 바빌론 상인들도 알고 있다'고 말한다면 어떻게 할 텐가? 자신이 신용이 있는 사람이라는 것 외에는 담보가 없다고 말한다면 말일세.

그렇다면 로단, 나라면 이렇게 대답하겠네.

'나는 금화 한닢 한닢을 무척 소중하게 여깁니다. 만일 강도를 만나 물건을 빼앗긴다면 당신은 나에게 상환할 방법이 없게 되고 나의 돈도 잃어버릴 것입니다!'

돈은 상품이네. 빌려주기 쉽지. 그러나 어리석게 빌려주는 경우는 회수가 어렵다네. 곤란에 처한 사람을 돕는 일은 좋은 일이네. 가혹한 운명에 처한 사람을 돕는 일도 좋은 일이지. 복된 사람이 되는 길이기도 하지. 하지만 도우려다 그 사람의 짐을 대신 떠 맡는 농부의 나귀 꼴이 되지 않도록 지혜롭게 도와야 하는 걸세. 자네가 일한 대가로 번 돈은 자네의 것이네. 자네가 원하지 않는 한 그 누구도 그 돈을 나눠 갖자고 강요할 수 없네. 만일 자네가 돈을 빌려주고 더 많은 돈을 벌고자 한다면 한 사람이 아니라 여러 사람에게 나눠서 조심스럽게 빌려주게. 돈에 모험을 걸지 말게나.

로단 자네는 창 장수로 얼마 동안 일했나?"

"3년입니다."

"왕의 선물을 제외하고 얼마를 모았나?"

"금 3닢입니다."

"그렇다면 단순하게 계산했을 때 금 50닢이면 자네가 50년을 일해야 모을 만큼의 큰돈이군. 평생 일하고 모아야 가질 수 있는 만큼의 돈을 위태롭게 만들고 싶지 않겠지. 자네 누이는 자네에게 그런 일을 강요할 사람인가? 단지 자기 남편이 성공하는 상인이 될는지 보려고 말이야."

"아닙니다. 누이는 그런 사람이 아닙니다."

"그렇다면 가서 말하게나. 누이를 사랑하고 매부가 크게 성공하기를 바란다고. 만약 내 친구인 마손과 나에게 현명하고 가능성 있는 계획을 제시할 수 있다면 기꺼이 금화를 빌려주겠다고 말일세. 만일 자네의 매부가 성공할 자질이 있는 사람이라면 입증해 올 걸세. 그리고 만약 입증하지 못한다 해도 일을 하면 갚을 수 있을 정도의 돈만 빌려주게나.

나는 내 장사에 사용하는 돈보다 더 돈이 많은 덕분에 대금업자가 된 걸세. 나는 돈이 남을 위해 쓰여지기를 바라지. 그러면 그 돈이 내게 더 많은 돈을 벌어다 줄 테니까. 나는 이 돈을 모으기 위해 열심히 일했고 이 돈을 위험에 빠뜨리고 싶지 않네. 따라서 안전하게 회수할 확신이 서지 않는 곳으로 돈을 보내는 위험을 무릅쓰고 싶지 않네.

빌린 돈을 갚을 만한 능력이 없는 사람이 돈을 빌리려고 할 때는 위험이 따른다네. 그들 중에는 나름대로의 능력을 갖추지 못하면서 그저 돈만 있으면 큰 소득을 만들 수 있다고 생각하지. 하지만 그런 일은 반드시 능력과 경험이 충분한 사람만이 해낼 수 있는 일이라네.

이제 자네는 자신을 위해 더 많은 돈을 버는 데 투자할 만큼의 돈을 가지고 있지. 만일 자네의 돈을 안전하게 보존하면 일생 동안 즐거움과 수입을 안겨 줄 풍부한 원천이 돼 줄 걸세.

그러나 만약 그 돈이 자네에게서 빠져나가게 한다면 이 돈은 자네가 살아 있는 날까지 슬픔과 후회의 씨앗이 될 걸세.

로단, 재산을 다른 누군가에게 맡겨야 한다는 쓸데없는 마음에 동요되지 말게. 만일 가족이나 친구를 돕고 싶거든 돈을 잃을 위험성이 없는 다른 방법을 찾아보게. 어리석은 방식으로 돈을 잃는 것보다 낭비하는 편이 낫네.

돈과 관련해서 자네가 원하는 다른 것이 더 있는가?"

"너무나 훌륭한 말씀입니다. 저의 바람은 제가 가진 돈으로 더 많은 돈을 버는 것입니다."

"아주 현명한 말이네. 현명하게 투자한 돈은 그대가 늙기 전에 몇 배의 소득이 돼 준다네. 하지만 귀가 번쩍 뜨일 정도의 수입을 약속하는 계획에는 동요하지 말게나. 그건 몽상가이거나 사기꾼들의 속성이니까.

돈을 벌 것이라고 기대하는 마음은 보수적으로 잡게나. 자네 돈을 빌려 몇 배의 이자로 변제하겠다는 사람과의 약속은 손실을 자초하는 일이라네. 그런 약속은 믿지 말게나. 자네 돈으로 큰 돈을 벌 수 있다는 사람들도 조심해야 하네.

다만 돈을 실제로 벌었거나 벌고 있는 성공한 사람들과 교제하여 그들의 노련한 제안을 지혜롭게 듣게나. 이런 식으로 하면 자네는 사람들 대부분에게 따라다니는 불운을 피할 수 있다네.

　왕의 선물인 금화 50닢을 잘 보관하려면 신중을 기울여야 하네. 많은 일이 자네를 유혹할 걸세. 여러 사람이 자네에게 이런저런 충고와 제안을 할 걸세.

　자, 이제 이 글귀를 가져가게나. 자네가 어떻게 돈을 사용해야 하는지 잊지 않게 해줄 테니."

나중에 크게 후회하기보다
미리 약간의 주의를 기울이는 편이 낫다.

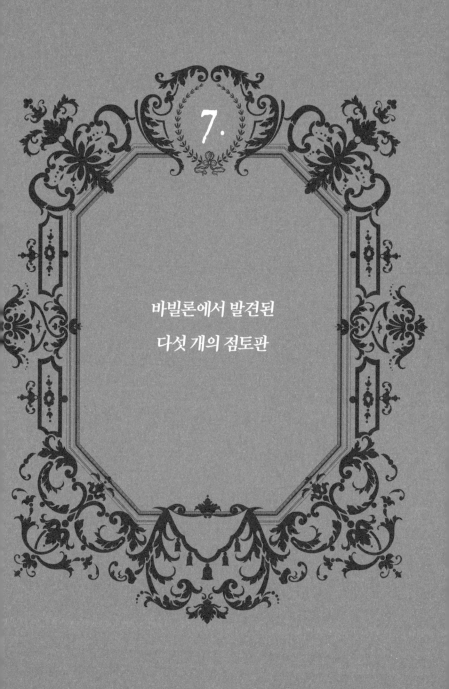

7.

바빌론에서 발견된

다섯 개의 점토판

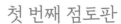

첫 번째 점토판

시리아에서의 노예 생활을 끝낸 다바시르는 그동안 진 모든 빚을 갚을 것이며 바빌론에서 존경받는 부자가 되기로 결심했다.

따라서 이 굳은 결심을 여기 점토판에 새겨 영구적으로 기록하는 바이다.

나는 앞으로 3가지를 반드시 지키겠다는 결심을 남기려는 것이다.

첫째, 나는 내가 버는 것의 10분의 1을 온전히 나의 것으로 떼어 놓는다.

훌륭한 친구이자 대금업자인 마손의 현명한 조언이기 때문이다. 그에게 나는,

'금화와 은화 모두를 지갑에 간직한 사람은 가족에게 충실한 가장이다. 그러나 지갑에 동화 몇 닢만을 가진 사람은 가족에게 무심한 가장이다. 그러므로 부를 이루고자 하는 사람은 지갑에 금과 은을 가지고 있어야 하며 그것이 가족과 왕에 대한 충성심을 갖는 일이다'라는 가르침을 받았다.

내 친구 마손은 한층 더 나아가 내가 버는 것의 10분의 7 이상을 쓰지 말라고 충고했다. 여기에 성공 여부가 달려 있기에 여기에 해당되는 것 안에서만 사용할 것을 권했다.

둘째, 언제나 정절(貞節)을 지키고 있는 착한 아내를 부양하고 돌볼 것이다. 정숙한 아내를 돌보는 것은 남자의 마음에 자존심을 심어주고 자신의 목적에 대한 힘과 결단력을 더하는 일이기 때문이다.

어떤가? 지금 당신은 이 고대 사람들이 남긴 지혜를 받아들이고 실천할 준비가 되었는가?

두 번째 점토판

　　셋째, 나의 소득으로 부채를 모두 갚겠다. 나는 매월 내가 버는 돈의 10분의 2를 내가 빚진 모두에게 공평하게 나누어 지불하겠다. 그러므로 여기에 내가 빚진 모든 사람의 이름과 내용을 거짓 없이 새겨 남겨 둔다.

옷감 짜는 화루 : 은화 2닢, 동화 6닢

의자 제작자 신자르 : 은화 1닢

친구 아흐마르 : 은화 3닢 동화 1닢

친구 잔카르 : 은화 4닢, 동화 3닢

보석 세공인 하린시르 : 은화 6닢, 동화 2닢

아버지 친구 디아르베커 : 은화 4닢, 동화 1닢

집주인 알카하드 : 은화 14닢

금 대금업자 마톤 : 은화 9닢

농부 비레지크 : 은화 1닢, 동화 7닢

이하로는 점토판이 퇴화돼 판독할 수 없음

이들이 남긴 가계부는 실제 부를 이뤄가는 과정을 실천한 사람들의 기록이다.
그렇다면 지금의 우리는 어떻게 행동할 것인가?

세 번째 점토판

　나는 은화 119닢과 동화 141닢의 빚이 있다. 이 많은 돈을 갚을 방법이 없어서 어리석게 아내를 친정으로 가게 했고 고향을 떠났다. 다른 곳에서 돈을 벌려고 했지만 재앙을 만났을 뿐 아니라 노예로까지 팔려 가는 일을 겪었다.

　마손은 부채를 없앨 방법을 내게 알려줬다. 그것은 돈을 무절제하게 쓴 과거 생활로부터 생긴 일이라는 것을 배웠다.

　나는 마손에게 배운 대로 채권자들을 찾아가 현재 내게 돈이 전혀 없으며 앞으로 버는 수입의 10분의 2를 모두에게 공평하게 갚을 수 있게 해 달라고 간청했다. 그 이상의 지불은 불가능하며 참을성 있게 기다려 준다면 채무를 모두 갚을 거라고 말했다.

　가장 좋은 친구라고 생각했던 아흐마르는 내게 심한 욕설을 퍼부었고, 농부 비레지크는 자신이 매우 궁핍하여 먼저 갚아 달라고 부탁했다. 집주인 알카하드는 곧 빚을 갚지 않으면 나를 내쫓겠다고 위협했다.

그 외 모든 사람은 내 제안을 기꺼이 받아들였다. 나는 부채에 쫓기는 대신 조금씩 갚아 나가면서 부채를 갚겠다는 마음이 더욱 강해졌다.

부는 배우고 깨닫고 실천하고 이루고 받는 것이다.

네 번째 점토판

다시 보름달이 떴다. 나는 지난 보름달부터 지금까지 열심히 일했다. 착한 아내는 빚을 갚으려는 내 의지를 지지해 주었다. 우리의 현명한 결단 덕분에 네바투르를 위해 건강한 낙타를 사주고 은화 19닢을 벌었다.

내 결심대로 10분의 7은 착한 아내에게 주었다. 10분의 2는 공평하게 빚을 갚았다.

아흐마르는 만나지 못했지만 그의 아내에게 주었고, 비레지크는 너무 기뻐서 내 손에 입을 맞췄으며, 알카하드는 더 빨리 갚으라며 재촉했다. 이에 나는 그에게 "내가 평안해야 더 빨리 빚을 갚을 수 있을 것"이라고 대답했다.

이제 부채는 은화 4닢만큼 줄었다.

다시 보름이 지났고 열심히 일했지만 은화 11닢밖에 벌지 못했다. 아내와 나는 무엇도 사지 않고 야채 외에는 다른 것은 먹지 않으면서도 계획을 지켰다. 11닢 중에 10분의 1은 나 자신을 위해 지불했으며 10분의 2는 빚을 갚는 데 썼다. 금액이 줄었지만 모두 놀라며 만족해했고 알카하드는 격노했지만 '불만스러우면 그 돈을 도로 가져가겠다'고 하니 화를 누그러뜨렸다.

또 한 번의 보름달이 지났다. 나는 대단히 기쁘다. 훌륭한 낙타 떼를 발견했고 튼튼한 낙타를 많이 구해서 주인을 찾을 수 있었다. 나는 은화 42닢을 벌었다.

이번 달에 아내와 나는 필요했던 샌들과 옷 한 벌을 샀고 고기를 먹었다. 채권자들에게 은화 8닢을 지불했다. 이번에는 알카하드조차 이의를 제기하지 않았다.

돈을 지출하는 계획을 지키면서 부채의 부담을 덜었고, 동시에 부를 이룰 수 있는 씨앗이 모이도록 해주었다. 내 지갑에는 지금껏 나 자신에게 지불한 은화 21닢이 들어 있다. 착한 아내는 가정을 잘 꾸려가고 있다. 자신감을 얻은 나는 단정한 차림에 등을 곧게 세우고 어깨를 펴고 걷게 되었다.

이 계획은 헤아릴 수 없는 많은 가치를 지니고 있다. 노예로 팔려 나갔던 사람을 경제적으로 독립한 사람으로 만든 사실이 그것의 증거다.

이들이 남긴 위대한 유산. 5000년의 부

다섯 번째 점토판

내가 점토에 결심을 새겨 온 지 12번째 달이 되었다. 나는 오늘로서 마지막 부채를 모두 갚았다. 그러나 기록을 게을리 하지 않을 것이다. 오늘은 착한 아내와 우리의 결심을 이룬 것을 축하하며 잔치를 벌이는 날이다.

채권자들의 변화는 오래오래 잊을 수 없을 것이다. 아흐마르는 내게 용서를 구했으며, 알카하드는 이렇게 말했다.

"이전의 자네는 언제든 부서질 무른 점토판 같았네. 하지만 지금의 자네는 단단한 청동 조각과 같네. 언제든 금화나 은화가 필요하면 내게 오게."

많은 이가 나를 공손하게 대했고 그들이 내게 하는 말과 행동을 지켜본 아내는 나를 존경의 눈빛으로 바라봤다.

나는 모두에게 이 계획을 권할 것이다. 노예였던 사람이 빚을 모두 갚고 지갑에 금화와 은화를 채우게 되었다면 그 어떤 사람에게도 유용할 것이다.

나는 앞으로 이 계획을 결코 내 자신에서 끝내지 않을 것이다. 이것이 내가 아는 사람들 가운데 나를 가장 큰 부자로 만들 것임을 확신하기 때문이다.

이제 당신 차례다.
당신이 진짜 부자가 될 차례다.

세기의 책들 20선
천년의 지혜 시리즈 NO.1

고대 점토석판에서 발견된 5000년의 부 The Richest Man in Babylon

최초 출간일 1926년

초판 1쇄 인쇄	2023년 12월 6일
초판 2쇄 발행	2023년 12월 27일
지은이	조지사무엘 클레이슨
편저	서진
번역 감수	안진환
펴낸 곳	스노우폭스북스
기획·편집	여왕벌(서진)
교정	구해진
도서 선정 참여	현성(최현성)
자료 조사	벨라(김은비)
마케팅 총괄	에이스(김정현)
SNS	라이즈(이민우)
커뮤니티	벨라(김은비)
미디어	형연(김형연)
유튜브	후야(김서후)
언론	테드(이한음)
키워드	슈퍼맨(이현우)
영업	영신(이동진)
제작	남양(박범준)
종이	월드(박영국)
경영지원	릴리(이세라)
도서 디자인 총괄	헤라(강희연)
마케팅 디자인	샤인(완선)
주소	경기도 파주시 회동길 527, 스노우폭스북스빌딩 3층
대표번호	031-927-9965
팩스	070-7589-0721
전자우편	edit@sfbooks.co.kr
출판신고	2015년 8월 7일 제406-2015-000159

ISBN 979-11-91769-56-2 03320
값 16,800원